westermann

Christine Böning, Katja Krüger-Stolp, Roswitha Manz, Silke Reinsch, Andrea Wilmes

Herausgeberin: Andrea Wilmes

Sozialassistenz kompakt

für die Berufsfachschule

Arbeitsheft

1. Auflage

Bestellnummer 09306

Die in diesem Produkt gemachten Angaben zu Unternehmen (Namen, Internet- und E-Mail-Adressen, Handelsregistereintragungen, Bankverbindungen, Steuer-, Telefon- und Faxnummern und alle weiteren Angaben) sind i. d. R. fiktiv, d. h., sie stehen in keinem Zusammenhang mit einem real existierenden Unternehmen in der dargestellten oder einer ähnlichen Form. Dies gilt auch für alle Kunden, Lieferanten und sonstigen Geschäftspartner der Unternehmen wie z. B. Kreditinstitute, Versicherungsunternehmen und andere Dienstleistungsunternehmen. Ausschließlich zum Zwecke der Authentizität werden die Namen real existierender Unternehmen und z. B. im Fall von Kreditinstituten auch deren IBANs und BICs verwendet.

westermann GRUPPE

Die Seiten dieses Arbeitshefts bestehen zu 100 % aus Altpapier.
Damit tragen wir dazu bei, dass Wald geschützt wird, Ressourcen geschont werden und der Einsatz von Chemikalien reduziert wird. Die Produktion eines Klassensatzes unserer Arbeitshefte aus reinem Altpapier spart durchschnittlich 12 Kilogramm Holz und 178 Liter Wasser, sie vermeidet 7 Kilogramm Abfall und reduziert den Ausstoß von Kohlendioxid im Vergleich zu einem Klassensatz aus Frischfaserpapier. Unser Recyclingpapier ist nach den Richtlinien des Blauen Engels zertifiziert.

Druck und Bindung: Westermann Druck GmbH, Georg-Westermann-Allee 66, 38104 Braunschweig

ISBN 978-3-427-**09306**-0

Vorwort

Ausgangspunkt für das vorliegende Arbeitsheft bildet das zweibändige Lehrbuch **„Sozialassistenz kompakt“.** Ebenso wie das Lehrbuch wendet sich auch dieses Arbeitsheft in erster Linie an Schülerinnen[1], die in Nordrhein-Westfalen eine Ausbildung zur Sozialassistentin absolvieren. Es wird in den bereichsspezifischen Fächern „Erziehung und Soziales“, „Gesundheitsförderung und Pflege“, „Arbeitsorganisation und Recht“ eingesetzt.

Da die bereichsspezifischen Fächer im Arbeitsheft nicht auf zwei Bände aufgeteilt wurden, sind die Lernfelder hier chronologisch angeordnet und folgen damit der Struktur des Bildungsplans NRW. Zur besseren Orientierung findet sich auf jeder linken Seite in der Kopfzeile ein Hinweis auf den jeweiligen Band des Lehrbuches, in dem das entsprechende Lernfeld dargestellt wird.

Die Arbeitsblätter zu den einzelnen Lernfeldern dienen insbesondere der Nachbereitung und Vertiefung von Unterrichtsinhalten. Es handelt sich unter anderem um:

- Zuordnungsaufgaben
- Lückentexte
- Praxisbeispiele mit konkreten Bearbeitungsvorschlägen
- Fallarbeit
- Aufgaben zur Selbstreflexion

Texte zum Nachdenken bieten sich für Diskussionen zum Einstieg oder auch zum Abschluss einer bestimmten Thematik an.

Zu den Aufgaben sind Lösungen als Download (ISBN 978-3-427-09308-4) oder als Ausdruck (ISBN 978-3-427-09310-7) erhältlich.

Wir hoffen, Ihnen mit diesem Arbeitsheft eine wertvolle Arbeitshilfe zur Verfügung zu stellen, und wünschen Ihnen viel Erfolg auf dem Weg zu Ihrem Ausbildungsziel.

Für das Autorenteam
Andrea Wilmes

[1] Aus Gründen der besseren Lesbarkeit werden im Folgenden die männliche und die weibliche Form in unregelmäßigem Wechsel verwendet. Selbstverständlich beziehen sich die Angaben immer gleichermaßen auf alle Geschlechter.

Inhaltsverzeichnis

Lernfeld 1: „Sich im Berufsfeld orientieren, auf Anforderungen einlassen und die eigene Person darstellen“

Lernfeld 2: „Bedürfnisse und Potenziale wahrnehmen, beobachten und analysieren“

Lernfeld 3: „Mit Konzepten in sozialpädagogischen Einrichtungen arbeiten“

Lernfeld 4: „Beziehungen in der sozialpädagogischen und sozialpflegerischen Arbeit gestalten“

Lernfeld 8: „Gesunde Lebensführung fördern“

Lernfeld 9: „Gestaltungsprinzipien in Räumen sozialpädagogischer und sozialpflegerischer Einrichtungen kennen und Gestaltungsmittel zielgerichtet nutzen“

Lernfeld 10: „Rechte und Pflichten der Sozialassistenten kennen und wahrnehmen“

Lernfeld 11: „Außendarstellung der sozialpädagogischen und sozialpflegerischen Einrichtungen unterstützen“

Anhang

Lernfeld 1:
„Sich im Berufsfeld orientieren, auf Anforderungen einlassen und die eigene Person darstellen“

1 Fragebogen zur Berufsmotivation

1. Ich habe mich entschieden, Sozialassistentin zu werden, weil …

____

____

____

2. Wer oder was hat meinen Berufswunsch mitgeprägt (bestimmte Personen, gesammelte Erfahrungen, Informationsveranstaltungen)?

____

____

____

3. Eine Sozialassistentin sollte folgende Eigenschaften besitzen:

	Dieses ist mir persönlich …				
	sehr wichtig	wichtig	zum Teil wichtig	ein wenig wichtig	gar nicht wichtig
1. Fähigkeit, sich mündlich und schriftlich gut auszudrücken					
2. Beobachtungsgabe					
3. Geduld					
4. Einfühlungsvermögen					
5. Kontaktfähigkeit					
6. Zuverlässigkeit					
7. Anpassungsfähigkeit					
8. Fähigkeit, mit anderen zusammenzuarbeiten					
9. Verantwortungsbewusstsein					

	Dieses ist mir persönlich …				
	sehr wichtig	wichtig	zum Teil wichtig	ein wenig wichtig	gar nicht wichtig
10. Eigeninitiative					
11. Neigung zu praktisch zupackender Tätigkeit					
12. Geschick im musischen Bereich (beispielsweise Werken und Musizieren)					
13. Kritikfähigkeit					
14. nervliche Belastbarkeit					
15. Bereitschaft zur Fort- und Weiterbildung					
Sonstiges					
16.					
17.					
18.					

4. a Die genannten Eigenschaften mit den Nummern ____________ halte ich deshalb für **wichtig** oder **sehr wichtig**, weil …

____

____

____

____

4. b Die genannten Eigenschaften mit den Nummern ____________ halte ich deshalb für **zum Teil wichtig**, weil ...

____

____

____

____

4. c Die genannten Eigenschaften mit den Nummern ____________ halte ich deshalb **für weniger wichtig** oder **gar nicht wichtig**, weil …

____

____

____

____

5. a Wenn ich mich heute entscheiden müsste, würde ich gerne in diesem Arbeitsbereich als Sozialassistentin arbeiten:

- ☐ Familienpflege
- ☐ Einrichtungen für Kinder und Jugendliche
- ☐ Einrichtungen für ältere Menschen
- ☐ Einrichtungen für Menschen mit Behinderungen

5. b So begründe ich meine Wahl:

____

____

____

____

____

____

____

____

____

2 Arbeitsschwerpunkte in der ambulanten Familienpflege und in Einrichtungen für Kinder und Jugendliche

1. a Tragen Sie die fehlenden Arbeitsschwerpunkte erst in den unten stehenden Lückentext und anschließend in die Kästchen ein. Das Lösungswort bezeichnet ein wichtiges Ziel erzieherischer Arbeit (ä = ae, ö = oe, ü = ue).

Hinweis

Der erste Buchstabe des jeweiligen Lösungswortes in Klammern hinter der Schreiblinie wurde zur besseren Orientierung großgeschrieben.

1. In Kindertagesstättengruppen unterstützen Sozialassistenten die Erzieherinnen zum Beispiel bei ______________________ *(ieplanoSgetenb)*.
2. Die ____________________________ *(auHgaafbentrueubesung)* steht im Vordergrund der erzieherischen Arbeit mit Kindern im Grundschulalter.
3. Alle Betreuungspersonen, die mit Kindern unter drei Jahren arbeiten, sind unter anderem für die ______________________ *(sPrfleigeche)* Versorgung der Kinder verantwortlich.
4. In Einrichtungen der Gesundheitsfürsorge steht die Begleitung ________________________________ *(esuGnerndheitsfoerdder)* Maßnahmen durch entsprechende Ausgleichsangebote im Mittelpunkt der pädagogischen Arbeit.
5. In Einrichtungen der Jugendpflege, wie Jugendzentren und Jugendfreizeitheimen, unterstützen Sozialassistentinnen die pädagogischen Fachkräfte insbesondere bei ______________________ *(boanitFrteneigeze)*.
6. In der Familie werden insbesondere ______________________ *(audesorHaltsvergenhs)* Tätigkeiten der abwesenden haushaltsführenden Person übernommen.

1→	1		17		3							8										
2→				5							2											
3→				10				13														
4→	14		7			12				6											16	
5→								18	9				4				11					
6→																						

Lösungswort:

1	2	3	4	5	6	7	8	9	10	11	12	13	14	15	16	17	18
														K			

1. b Finden Sie zu den sechs Arbeitsschwerpunkten jeweils drei Beispiele konkreter Tätigkeiten, die Sie mit den Kindern oder Jugendlichen hierzu durchführen können.

1. ______________________________

2. ______________________________

3. ______________________________

4. ______________________________

5. ______________________________

6. ______________________________

3 Soziale Dienste zur Unterstützung von Familien

Ordnen Sie die unten stehenden Aufgaben den Praxisfeldern „Familienpflege“ und „sozialpädagogische Familienhilfe“ entsprechend zu.

- **die Wohnung und die Wäsche sauber halten**
- **Familien in ihren Erziehungsaufgaben intensiv betreuen und begleiten**
- **Hilfe zur Selbsthilfe geben**
- **das Freizeitverhalten der Kinder überwachen und deren Hausaufgaben kontrollieren**
- **bei der Bewältigung von Alltagsproblemen Hilfen anbieten**
- **gemeinsam Konfliktlösestrategien in Krisensituationen entwickeln**
- **mit der haushaltsversorgenden Person oder für sie kochen, einkaufen**
- **vorübergehend haushaltsversorgende Tätigkeiten der abwesenden Person übernehmen**
- **Familienmitglieder mit krankheitsbedingten Einschränkungen pflegen und betreuen**
- **im Kontakt mit Ämtern und Institutionen Unterstützung anbieten**

Familienpflege

sozialpädagogische Familienhilfe

4 Einrichtungen und Dienste der Altenhilfe

1. Tragen Sie die folgenden Einrichtungen in die entsprechende Spalte der Tabelle ein:

ambulante häusliche Pflege ■ Altentreff/Altentagesstätte ■ Altenpflegeheim ■ Altenwohngemeinschaft ■ betreutes Wohnen ■ geriatrische Tagesklinik ■ gerontopsychiatrische Klinik ■ Kurzzeitpflege ■ Tagespflege ■ Wohnberatungsstätte

2. Ordnen Sie diesen Einrichtungen die Tätigkeitsbereiche nach ihrer Wichtigkeit (laut Ihrer Einschätzung) zu (Pflege = PF, Betreuung = B, Hauswirtschaft = H).

Einrichtungsart	Einrichtungen	Tätigkeiten		
		1 (sehr wichtig)	2 (zum Teil wichtig)	3 (weniger wichtig/unwichtig)
offene Altenhilfe				
ambulante Altenhilfe				
teilstationäre Altenhilfe				
stationäre Altenhilfe				

5 Einrichtungen für Menschen mit Behinderungen

1. Ordnen Sie den beiden Einrichtungsarten konkrete Einrichtungen zu.

Bildungs- und Förderungseinrichtungen für Menschen mit Behinderungen	■ ____ ■ ____ ■ ____ ■ ____ ■ ____ ■ ____ ■ ____
Wohngruppen für Menschen mit Behinderungen	■ ____ ■ ____ ■ ____ ■ ____ ■ ____

2. Wählen Sie eine dieser Einrichtungen aus und benennen Sie mithilfe einiger der unten stehenden Buchstaben betreuerische, pflegerische und hauswirtschaftliche Tätigkeiten, die Sie dort als Sozialassistentin ausüben können.

Einrichtung, die ich auswähle: ____

A ____

B ____

D ____

E ____

F ____

G ____

H ______________________________

I ______________________________

K ______________________________

M ______________________________

N ______________________________

R ______________________________

S ______________________________

T ______________________________

U ______________________________

W ______________________________

6 Werkstatt für Menschen mit Behinderungen

1. Tragen Sie die folgenden Begriffe in die entsprechenden Lücken in dem Schaubild ein:

Arbeit unter Anleitung ▪ berufsfördernde Maßnahmen für Arbeitsbereiche innerhalb und außerhalb der Werkstatt für Menschen mit Behinderungen ▪ Betriebswirte und Pädagogen ▪ Betreuung und Förderung von Menschen mit schweren Behinderungen ▪ breites Angebot behindertengerechter Arbeitsplätze ▪ Facharbeiter oder Meister mit einer sonderpädagogischen Zusatzausbildung ▪ nach Beendigung der Schulpflicht ▪ Sozialarbeiter, Psychologen, Ärzte, Heilerziehungspfleger

Personal

Werkstattleitung: ____________________

Arbeits- und Förderbereich: ____________________

Begleitende Dienste:

z. B.: ____________________

Vermittlung auf den allgemeinen Arbeitsmarkt

Arbeitsbereich

____

____

Tagesförderstätte

____

____

Berufsbildungsbereich

____

____

____

____

Dauer 2 Jahre

Aufbaukurs
Dauer 12 Monate

Grundkurs
Dauer 12 Monate

Eingangsbereich

____

____

____

Dauer ca. 4 Wochen
bis 3 Monate

7 Anforderungen an Sozialassistenten in Ausbildung und Beruf

Welche konkreten Erwartungen der Praxisstellen verbinden Sie mit den genannten Oberbegriffen in den blauen Kästen? Ordnen Sie entsprechend zu.

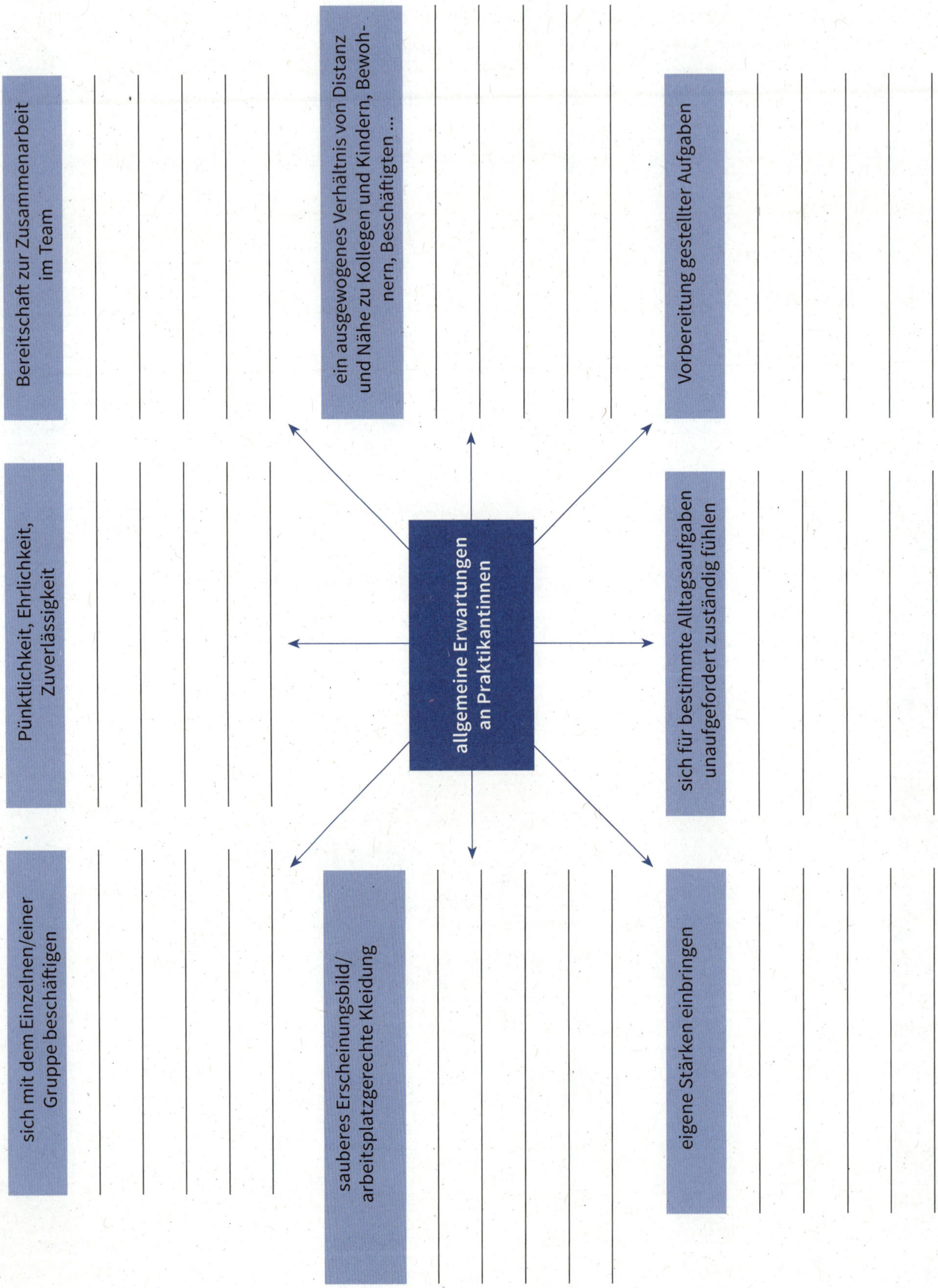

8 Vorstellungsgespräch

Beim Vorstellungsgespräch gewinnen Praktikanten und Praxisanleiter einen ersten Eindruck voneinander, der sehr prägend sein kann. Deshalb sollten sich die Praktikanten auf dieses Gespräch vorbereiten. Die Auseinandersetzung mit folgenden Fragen kann hilfreich sein und den Gesprächseinstieg erleichtern:

- Worüber möchte ich meine Praxisanleiterin informieren? Was sollte/möchte ich über mich persönlich mitteilen?
- Was sollte ich erfragen, damit der Einstieg in die neue Praxisstelle gut gelingen kann?
- Welche Fragen könnte meine Praxisanleiterin an mich herantragen?

Sammeln Sie Stichworte zu den oben genannten Fragen und tragen Sie diese in die Tabelle ein.

Informationen zu meiner Person	Meine Fragen	Mögliche Fragen meiner Praxisanleiterin

Erziehung und Soziales

Lernfeld 2:
„Bedürfnisse und Potenziale wahrnehmen, beobachten und analysieren“

1 Entwicklungsphasen im Kindes-, Jugend- und Erwachsenenalter

Nach Erik H. Erikson findet Entwicklung in acht aufeinanderfolgenden und unumkehrbaren Entwicklungsphasen statt, in denen bestimmte Konflikte bewältigt werden müssen. Das erfolgreiche Durchlaufen einer Phase ist Voraussetzung, damit eine Person die Konflikte in den folgenden Phasen meistern kann.
Im Folgenden sind Aussagen von erwachsenen Personen aufgelistet, welche die ersten sechs Phasen bereits erfolgreich bewältigt haben. Ordnen Sie ihre Aussagen bitte den entsprechenden Phasen zu.

Die meisten Leute scheinen keine Zweifel darüber zu haben, was für eine Person ich bin.	Urvertrauen gegen Misstrauen
Wenn ich mir vornehme, keine Süßigkeiten zu essen, dann lasse ich es.	Autonomie gegen Scham und Zweifel
Ich kann den Menschen trauen, mit denen ich zusammenarbeite.	Initiative gegen Schuldgefühl
Ich gehe meist entschlossen vor, wenn es darum geht, etwas zu erreichen, was ich sehr gerne möchte.	Werksinn gegen Minderwertigkeitsgefühl
Es gibt jemanden in meinem Leben, mit dem ich fast alle meine Sorgen und Nöte teilen kann.	Identität gegen Identitätsdiffusion
Ich weiß, dass ich bestimmte Fähigkeiten und Fertigkeiten habe, die ich auch nutze.	Intimität gegen Isolierung

2 Menschliche Grundbedürfnisse

1. Zu welchen Stufen der Bedürfnispyramide nach Maslow zählen die nachstehenden Grundbedürfnisse? Ordnen Sie entsprechend zu.

a) Nahrung und Trinken
b) Einfühlungsvermögen der Bezugspersonen
c) Streben nach Wachstum, Vervollkommnung und Reife
d) Wunsch nach Struktur, Ordnung, Gesetzen und Grenzen
e) Wärme und Sauerstoff
f) Anerkennung und Lob

g) das Kind/den älteren Menschen mit seinen Gefühlen, Stimmungen und Problemen ernst nehmen
h) Wunsch nach einem angstfreien, geschützten Raum zum Leben

Stufe 1: physiologische Grundbedürfnisse

____

Stufe 2: Sicherheitsbedürfnisse

____

Stufe 3: Bedürfnisse nach Zugehörigkeit und Liebe

____

Stufe 4: Bedürfnisse nach Wertschätzung

____

Stufe 5: Bedürfnisse nach Selbstverwirklichung

____

2. Geben Sie jeweils einen Hinweis, den Betreuungspersonen von Kindern/älteren Menschen beachten sollten, um etwas zur Befriedigung der persönlichen Bedürfnisse beitragen zu können.

Stufe 1: physiologische Grundbedürfnisse

Hinweis: ______________________________

____

Stufe 2: Sicherheitsbedürfnisse

Hinweis: ______________________________

____

Stufe 3: Bedürfnisse nach Zugehörigkeit und Liebe

Hinweis: ______________________________

____

Stufe 4: Bedürfnisse nach Wertschätzung

Hinweis: ______________________________

____

Stufe 5: Bedürfnisse nach Selbstverwirklichung

Hinweis: ______________________________

____

3 Entwicklung in den ersten drei Lebensjahren

Bearbeiten Sie die folgenden Sätze entsprechend des vorgegebenen Beispiels, indem Sie angeben, in welchem Alter des Kindes das genannte Entwicklungsmerkmal auftritt.

Beispiel Das Kind fragt „Warum …?“, „Wie …?“, „Was …?“: Das Kind ist 31–36 Monate alt.

a) Das Kind „fremdelt“: Das Kind ist ____________ Wochen/Monate alt.

b) Das Kind kann Wasser in ein anderes Gefäß umgießen: Das Kind ist ____________ Wochen/Monate alt.

c) Es kann Tätigkeiten und Geschehnisse auf einem Bild erkennen: Das Kind ist ____________ Wochen/Monate alt.

d) Das Kind beginnt mit „Trotzreaktionen“: Das Kind ist ____________ Wochen/Monate alt.

e) Es reagiert auf seinen Namen: Das Kind ist ____________ Wochen/Monate alt.

f) Das Kind „robbt“: Das Kind ist ____________ Wochen/Monate alt.

g) Es bildet Zweiwortsätze und erste Fragesätze: Das Kind ist ____________ Wochen/Monate alt.

h) Das Zahlen- und Zeitverständnis beginnt sich zu bilden („weniger“, „mehr“): Das Kind ist ____________ Wochen/Monate alt.

i) Das Kind reagiert mit Unwillen auf laute Geräusche und grelles Licht: Das Kind ist ____________ Wochen/Monate alt.

j) Es beginnt mit dem Zähneputzen und Händewaschen mithilfe: Das Kind ist ____________ Wochen/Monate alt.

k) Das Kind lallt: Das Kind ist ____________ Wochen/Monate alt.

l) Das Kind erlebt sich als Einheit mit der Umwelt: Das Kind ist ____________ Wochen/Monate alt.

m) Das Kind nimmt Lebloses häufig als belebt wahr (zum Beispiel Stofftiere): Das Kind ist ____________ Wochen/Monate alt.

n) Es beginnt, sich von den primären Bezugspersonen abzulösen: Das Kind ist ____________ Wochen/Monate alt.

4 Entwicklung im Vorschul-, Schul- und Jugendalter

Tragen Sie die folgenden Entwicklungsmerkmale in die entsprechende Spalte der Tabelle ein.

Schleife binden lernen am Schleifenrahmen

a) Idole werden idealisiert.
b) Die Schleife wird erlernt.
c) Die Fähigkeit zum Planen und Organisieren wächst zunehmend.
d) Die eigenen Leistungen werden mit denen anderer verglichen.
e) Ausdauer und Freude an der Aufgabenbewältigung sind zu beobachten.
f) Es besteht das Bedürfnis, sich häufig auszutoben.
g) Die Bewegungen wirken schlaksig und ungelenk.
h) Die Fähigkeit, sich in eine Gruppe einzufinden, ist zu beobachten.
i) Das „magische Denken“ herrscht vor.

	Vorschulalter	Schulalter	Jugendalter
körperliche Entwicklung			
geistige Entwicklung			
sozial-emotionale Entwicklung			

5 Förderung der Entwicklung von Kindern und Jugendlichen durch erzieherisches Verhalten

Im Folgenden sind einige Verhaltensmerkmale der unterschiedlichen Erziehungsstile aufgelistet. Ordnen Sie diese Merkmale entsprechend zu.

Verhaltensmerkmale: distanzierte Beziehung zum Kind ▪ Förderung der Eigenaktivitäten des Kindes ▪ gegenseitiges Verständnis und Offenheit ▪ gemeinsames Aufstellen von Regeln und Treffen von Entscheidungen ▪ geringe Berücksichtigung der Wünsche und Belange der Kinder ▪ geringer Einsatz von Lob und Tadel ▪ Gewährenlassen ▪ häufige Befehle, Kommandos, Anordnungen ▪ Impulse lediglich durch Materialeingabe ▪ Informationen und Auskunft nur auf Nachfrage ▪ Kind bestimmt selbst und ist für sich verantwortlich ▪ Kritik, Lob und Tadel (personenbezogen) ▪ Kritik, Lob und Tadel (sachbezogen) ▪ neutrale und unpersönliche Beziehung ▪ partnerschaftliches Verhalten ▪ übermäßige Lenkung und Kontrolle ▪ Unterstützung und Ermutigung ▪ Vorgabe von Aktivitäten, die auszuführen sind

Erziehungsstil	Verhaltensmerkmale
1. autoritärer Erziehungsstil	▪ ____ ▪ ____ ▪ ____ ▪ ____ ▪ ____ ▪ ____
2. demokratischer Erziehungsstil	▪ ____ ▪ ____ ▪ ____ ▪ ____ ▪ ____ ▪ ____
3. laissez-faire Erziehungsstil	▪ ____ ▪ ____ ▪ ____ ▪ ____ ▪ ____ ▪ ____

6 Lerntheorien

1. a Überlegen Sie, welche Art des Lernens (Lernen durch Signale, Verstärkung, Nachahmung, Einsicht) in den folgenden vier Beispielen jeweils dargestellt wird.

1. b Beurteilen Sie das Verhalten der jeweiligen Betreuungsperson, indem Sie den Satz jeweils mit einer kurzen Begründung vervollständigen.

Beispiel A

Luka, fünf Jahre alt, sitzt in der Aufräumphase in der Bauecke der Kindertagesstättengruppe und versucht, den Baukasten wieder einzuräumen. Dieser wird mit rechteckigen, quadratischen und zylinderförmigen Bausteinen gefüllt. Jedes Mal, wenn er den Kasten mit fast allen Bausteinen bestückt hat, bleiben zwei längere Bausteine übrig, die nicht mehr in den Kasten passen. Hilfe suchend schaut er die Erzieherin Katja an. Sie schlägt ihm vor, nicht immer die gleichen Bausteine als erste einzusortieren, sondern einmal eine andere Reihenfolge auszuprobieren. Luka hat den Einfall, zunächst die längsten mit den kürzesten Bausteinen zu kombinieren und dann die anderen Bausteine einzuräumen. So gelingt es ihm schließlich, alle Bauklötze in den Kasten einzuräumen.

Bei diesem Beispiel handelt es sich um Lernen durch ____________________

Das Verhalten der Erzieherin in dieser Situation halte ich für angemessen ☐ unangemessen ☐

(Zutreffendes bitte ankreuzen), weil ____________________

____

____

____

Beispiel B

Am Dienstagnachmittag treffen sich fünf Bewohnerinnen eines Seniorenstifts zum Basteln für den bevorstehenden Weihnachtsbasar. Zunächst fällt es einer Dame von 79 Jahren recht schwer, die Aufhänger an den Strohsternen zu befestigen. Die anleitende Sozialpädagogin spricht ihr jedoch Mut zu und lobt sie auch dann, wenn sie fast zehn Minuten mit einem Anhänger beschäftigt ist. Beim nächsten Treffen stellt sich die Dame jedoch wesentlich geschickter an und schafft es sogar, 32 Anhänger zu befestigen. Sie erhält auch diesmal für jeden der 32 Anhänger ein Lob von der Sozialpädagogin.

Bei diesem Beispiel handelt es sich um Lernen durch ____________________

Das Verhalten der Sozialpädagogin in dieser Situation halte ich für angemessen ☐ unangemessen ☐

(Zutreffendes bitte ankreuzen), weil ____________________

____

____

____

Beispiel C

Der Gruppenleiter in einer Werkstatt für Menschen mit Behinderungen zeigt den beiden neuen Beschäftigten Thorsten und Klaus mit langsamen, sparsamen Bewegungen, wie Babyseifen in einem Karton angeordnet werden müssen. Thorsten und Klaus schauen interessiert zu und können nach einer halben Stunde in diesem Bereich Arbeiten übernehmen.

Bei diesem Beispiel handelt es sich um Lernen durch ____________________

Das Verhalten des Gruppenleiters in dieser Situation halte ich für angemessen ☐ unangemessen ☐

(Zutreffendes bitte ankreuzen), weil ____________________

____

____

____

Beispiel D

Die vierjährige Jana wird zurzeit von ihrer Oma betreut, weil ihre Mutter im Krankenhaus ist. Jana freut sich sehr auf die bevorstehende Nikolausfeier in ihrer Kindertagesstätte und erzählt ihrer Oma von dem bevorstehenden Besuch des Bischofs Nikolaus. Ihre Oma nimmt dies zum Anlass, um sie jedes Mal, wenn Jana sich weigert, abends ins Bett zu gehen oder ihr Zimmer aufzuräumen, darauf hinzuweisen, dass der Nikolaus sieht, wenn ein Kind unartig ist, und nur den lieben Kindern etwas in die Schuhe legt. Schließlich kann Jana sich gar nicht mehr so sehr auf den Nikolaustag freuen.

Bei diesem Beispiel handelt es sich um Lernen durch ____________________

Das Verhalten der Oma in dieser Situation halte ich für angemessen ☐ unangemessen ☐

(Zutreffendes bitte ankreuzen), weil ____________________

____

____

____

____

____

____

7 Mögliche Verhaltensprobleme in der Entwicklung von Kindern und Jugendlichen

Ordnen Sie den nachfolgenden Verhaltensauffälligkeiten mithilfe von Verbindungslinien die entsprechenden Merkmale/Symptome zu.

- ADS und ADHS
- Stottern
- Magersucht
- Aggression
- Stammeln
- Bulimie
- Binge-Eating-Störung
- Ängstlichkeit

- Nahrungsverweigerung, Ausbleiben der Menstruation (Amenorrhoe) und rastloses Verhalten
- massive Schwierigkeiten, sich über einen längeren Zeitraum zu konzentrieren und eine Aufgabe zu Ende zu führen
- krampfartige Unterbrechung des Redeflusses, auch noch nach der Vollendung des vierten Lebensjahres
- fehlerhafte Aussprache und Bildung von Lauten und Lautverbindungen
- Aufnahme und anschließendes Erbrechen sehr großer Nahrungsmengen
- zerstörende Handlung, die sich gegen Personen und/oder Sachen richtet
- unangenehmes Gefühl, das mit starker körperlicher Erregung verknüpft ist
- exzessives Essen als Ersatz nicht erfüllter emotionaler Bedürfnisse

8 Jugendliche und ihre Gefährdung durch Suchtmittel

Finden Sie die **zehn** versteckten Begriffe, die mit Sucht zu tun haben. Sie verbergen sich waagerecht, senkrecht und diagonal.

G	O	M	P	L	U	N	B	J	I	E	L
V	L	E	U	N	G	G	R	O	S	S	L
T	T	C	N	I	K	O	T	I	N	I	M
N	L	S	D	K	O	N	T	N	I	E	K
E	T	T	I	N	N	K	A	T	O	C	K
R	M	A	R	I	H	U	A	N	A	P	R
H	U	S	U	B	E	J	T	R	I	P	I
C	N	Y	S	U	R	O	C	P	V	I	M
S	G	Z	T	N	O	Z	I	L	A	N	L
T	T	E	I	F	I	X	E	N	L	J	O
H	A	I	E	I	N	E	U	R	N	E	M
C	R	G	Z	B	I	E	F	H	G	K	P
E	N	E	A	P	O	G	I	E	I	U	K
R	I	H	E	G	O	N	P	O	N	J	S

9 Kinder aus verschiedenen Kulturen in Kindertagesstätten

Testen Sie Ihre ersten Türkischkenntnisse, indem Sie die jeweils passende Vokabel in die Lücken des Textes einfügen.

Beispiel

Batukan (3,2 Jahre) besucht seit drei Tagen die Kindertagesstätte ohne seine Mutter. Er hat bisher noch kein Deutsch gesprochen und zeigt auch nicht an, dass er versteht, was Sie ihm erzählen möchten. So versuchen Sie, mithilfe einiger türkischer Wörter den ersten Kontakt zu ihm herzustellen.

Adın ne? ▪ Ben seni anlayamadım ▪ Günaydın ▪ Içeri ye gelirmisin lütfen? ▪ Iyiyim ▪ Nasılsın? ▪ Teşekkür ederim

Batukan steht an der Tür. Sie gehen auf ihn zu und sagen: „________________________________."

Sie fragen ihn: „________________________________?" und teilen ihm mit: „________________________________."

Sie wollen ihm etwas in der Gruppe zeigen und fragen:

„____.“

Sie sagen ihm: „Ich heiße …“ und fragen ihn:

„____.“

Es ist das erste Mal, dass er mit Ihnen spricht. Leider können Sie ihn aber nicht verstehen und sagen:

„____.“

Er schenkt Ihnen ein Bild, das er gemalt hat. Sie freuen sich darüber und sagen:

„____.“

10 Text zum Nachdenken: „Veränderte Familienformen“

1. Lesen Sie den folgenden Ausschnitt des Märchens „Aschenputtel“ (Brüder Grimm) und markieren Sie alle Textstellen, die als ursächlich für die starken Probleme dieser Stieffamilie angesehen werden können. Benennen Sie alle Probleme, die aus Ihrer Sicht bei gutem Willen aller Beteiligten vermeidbar gewesen wären.

2. Sprechen Sie in der Kleingruppe über Ihre Vermutungen.

Aschenputtel

„Einem reichen Manne wurde seine Frau krank, und als sie fühlte, dass ihr Ende herankam, rief sie ihr einziges Töchterlein zu sich ans Bett und sprach, ‚Liebes Kind, bleib fromm und gut, so wird dir der liebe Gott immer beistehen, und ich will vom Himmel auf dich herabblicken.‘ Darauf tat sie die Augen zu und verschied. Das Mädchen ging jeden Tag hinaus zu dem Grabe der Mutter und weinte und blieb fromm und gut. Als der Winter kam, deckte der Schnee ein weißes Tüchlein auf das Grab, und als die Sonne im Frühjahr es wieder herabgezogen hatte, nahm sich der Mann eine andere Frau.
Die Frau hatte zwei Töchter mit ins Haus gebracht, die schön und weiß von Angesicht waren, aber garstig und schwarz von Herzen. Da ging eine schlimme Zeit für das arme Stiefkind an. ‚Soll die dumme Gans bei uns in der Stube sitzen?‘, sprachen sie, ‚wer Brot essen will, muss es verdienen, hinaus mit der Küchenmagd!‘ Sie nahmen ihm seine schönen Kleider weg, zogen ihm einen grauen alten Kittel an und gaben ihm hölzerne Schuhe. ‚Seht einmal die stolze Prinzessin, wie sie geputzt ist!‘, riefen sie, lachten und führten es in die Küche. Da musste es von Morgen bis Abend schwere Arbeit tun, früh vor Tag aufstehen, Wasser tragen, Feuer anmachen, kochen und waschen. Obendrein taten ihm die Schwestern alles ersinnliche Herzeleid an, verspotteten es und schütteten ihm die Erbsen und Linsen in die Asche, sodass es sitzen und sie wieder auslesen musste. Abends, wenn es sich müde gearbeitet hatte, kam es in kein Bett, sondern musste sich neben den Herd in die Asche legen. Und weil es darum immer staubig und schmutzig aussah, nannten sie es Aschenputtel.
Es trug sich zu, dass der Vater einmal in die Messe ziehen wollte, da fragte er die beiden Stieftöchter, was er ihnen mitbringen sollte? ‚Schöne Kleider‘, sagte die eine, ‚Perlen und Edelsteine‘, die Zweite. – ‚Aber du, Aschenputtel‘, sprach er, ‚was willst du haben?‘ – ‚Vater, das erste Reis, das Euch auf Eurem Heimweg an den Hut stößt, das brecht für mich ab.‘ Er kaufte nun für die beiden Stiefschwestern schöne

Kleider, Perlen und Edelsteine, und auf dem Rückweg, als er durch einen grünen Busch ritt, streifte ihn ein Haselreis und stieß ihm den Hut ab. Da brach er das Reis ab und nahm es mit. Als er nach Hause kam, gab er den Stieftöchtern, was sie sich gewünscht hatten, und dem Aschenputtel gab er das Reis von dem Haselbusch. Aschenputtel dankte ihm, ging zu seiner Mutter Grab und pflanzte das Reis darauf und weinte so sehr, dass die Tränen darauf niederfielen und es begossen. Es wuchs aber und ward ein schöner Baum. Aschenputtel ging alle Tage dreimal darunter, weinte und betete, und allemal kam ein weißes Vöglein auf den Baum, und wenn es einen Wunsch aussprach, so warf ihm das Vöglein herab, was es sich gewünscht hatte.

Es begab sich aber, dass der König ein Fest anstellte, das drei Tage dauern sollte und wozu alle schönen Jungfrauen im Lande eingeladen wurden, damit sich sein Sohn eine Braut aussuchen möchte. Die zwei Stiefschwestern, als sie hörten, dass sie auch dabei erscheinen sollten, waren guter Dinge, riefen Aschenputtel und sprachen, ‚Kämme uns die Haare, bürste uns die Schuhe und mache uns die Schnallen fest; wir gehen zur Hochzeit auf des Königs Schloss.' Aschenputtel gehorchte, weinte aber, weil es auch gern zum Tanz mitgegangen wäre, und bat die Stiefmutter, sie möchte es ihm erlauben. ‚Du, Aschenputtel', sprach sie, ‚bist voll Staub und Schmutz und willst zur Hochzeit?' Als es aber mit Bitten anhielt, sprach sie endlich: ‚Da habe ich dir eine Schüssel Linsen in die Asche geschüttet, wenn du die Linsen in zwei Stunden wieder ausgelesen hast, so sollst du mitgehen.' Das Mädchen ging durch die Hintertür nach dem Garten und rief: ‚Ihr zahmen Täubchen, ihr Turteltäubchen, all ihr Vöglein unter dem Himmel, kommt und helft mir lesen, die Guten ins Töpfchen, die Schlechten ins Kröpfchen.'

Da kamen zum Küchenfenster zwei weiße Täubchen herein und danach die Turteltäubchen, und endlich schwirrten und schwärmten alle Vöglein unter dem Himmel herein und ließen sich um die Asche nieder. Und die Täubchen nickten mit den Köpfchen und fingen an pick, pick, pick, pick, und da fingen die übrigen auch an pick, pick, pick, pick, und lasen alle guten Körnlein in die Schüssel. Kaum war eine Stunde herum, so waren sie schon fertig und flogen alle wieder hinaus. Da brachte das Mädchen die Schüssel der Stiefmutter, freute sich und glaubte, es dürfte nun mit auf die Hochzeit gehen. Aber sie sprach: ‚Nein, Aschenputtel, du hast keine Kleider und kannst nicht tanzen, du wirst nur ausgelacht.'

Als es nun weinte, sprach sie: ‚Wenn du mir zwei Schüsseln voll Linsen in einer Stunde aus der Asche rein lesen kannst, so sollst du mitgehen', und dachte: ‚Das kann es ja nimmermehr'. Als sie die zwei Schüsseln Linsen in die Asche geschüttet hatte, ging das Mädchen durch die Hintertür nach dem Garten und rief: ‚Ihr zahmen Täubchen, ihr Turteltäubchen, all ihr Vöglein unter dem Himmel, kommt und helft mir lesen, die Guten ins Töpfchen, die Schlechten ins Kröpfchen.'

Da kamen zum Küchenfenster zwei weiße Täubchen herein und danach die Turteltäubchen, und endlich schwirrten und schwärmten alle Vöglein unter dem Himmel herein und ließen sich um die Asche nieder. Und die Täubchen nickten mit ihren Köpfchen und fingen an pick, pick, pick, pick, und da fingen die übrigen auch an pick, pick, pick, pick, und lasen alle guten Körner in die Schüsseln. Und ehe eine halbe Stunde herum war, waren sie schon fertig und flogen alle wieder hinaus. Da trug das Mädchen die Schüsseln zu der Stiefmutter, freute sich und glaubte, nun dürfte es mit auf die Hochzeit gehen.

Aber sie sprach: ‚Es hilft dir alles nichts, du kommst nicht mit; denn du hast keine Kleider und kannst nicht tanzen; wir müssten uns deiner schämen.' Darauf kehrte sie ihm den Rücken zu und eilte mit ihren zwei stolzen Töchtern fort. [...]"

(Quelle: Grimm, Jacob/Grimm, Wilhelm, 1999, S. 331–334)

11 Text zum Nachdenken: „Geschwister von Kindern mit Behinderungen“

Ausschnitte aus der Erzählung einer erwachsenen Schwester über das Aufwachsen an der Seite ihres behinderten Bruders

„Sie drehten sich nach ihm um und gafften

[...] Wir waren drei Kinder. Mein Bruder Bernd war acht, als ich geboren wurde. Ein Jahr nach mir kam Norbert auf die Welt. Er war mongoloid, so nannte man das damals. Meine Mutter und mein Vater waren relativ alte Eltern, jedenfalls für diese Zeit. Als mein älterer Bruder Bernd geboren wurde, war mein Vater dreißig, meine Mutter achtundzwanzig Jahre alt. Bei Norberts Geburt war meine Mutter sechsunddreißig. Für meine Mutter brach eine Welt zusammen, als sie erfuhr, dass Norbert geistig behindert war. Das hat sie später oft erzählt.
Norbert war ein stilles, ruhiges und liebes Baby, dessen Entwicklung viel langsamer vonstatten ging. Es dauerte länger, bis er auf den Topf ging, er fing später an zu laufen. Die Fortschritte, die er machte, kamen langsam, aber kontinuierlich.

Ich habe ihn verschwiegen

Als Kind musste ich oft auf Norbert aufpassen, sodass er fast immer in meiner Nähe war. Wenn ich mit Freundinnen spielen wollte, war Norbert immer dabei. Das hat mich oft sehr gestört. Er wollte mit unseren Puppen spielen, wollte beim Verstecken dabei sein oder im Winter mit uns Schlitten fahren. Einmal schnappte er sich sogar heimlich meinen Puppenwagen und schob ihn die Straße hinauf und hinunter. Meine Freundinnen kannten und akzeptierten ihn auch. Die Probleme folgten später, als ich in die Pubertät kam. Ich lernte andere Mädchen kennen und traute mich plötzlich nicht mehr, von meinem geistig behinderten Bruder zu erzählen. Wenn ich eine Freundin zu uns nach Hause einlud, was selten vorkam, wurde sie vor vollendete Tatsachen gestellt. Auch als ich später Freunde hatte, erzählte ich ihnen nichts von meinem Bruder Norbert. Ich habe mich geschämt, denke ich. Erst wenn ich einen Freund nach längerer Bekanntschaft mit in die Familie brachte und schon Vertrauen zu ihm hatte, lernte er Norbert kennen. Manche meiner Freunde waren dann so schockiert, dass die Freundschaft einschlief.
Auch als ich in die Lehre ging und meine Kollegen nach meiner Familie fragten, verschwieg ich meinen behinderten Bruder. Ich erzählte nur von Bernd, meinem älteren Bruder.

Möchten Sie ein Foto von meinem Bruder?

Als unser Vater Rentner war, unternahmen meine Eltern öfter Reisen mit einer Reisegruppe. Norbert fuhr immer mit. Auf diesen Reisen wurde viel getanzt, und Norbert tanzt gern und gut, er hatte auch an einem Tanzkurs teilgenommen. So hatte er dort bei einigen Leuten sofort ‚einen Stein im Brett‘. Auf der einen Seite hatte er Freunde gefunden, auf der anderen Seite gab es Leute, die mit ihm und meinen Eltern nichts zu tun haben wollten.
Besonders wütend gemacht hat mich, wenn Leute ihn angafften – auf der Straße oder in Geschäften –, wenn sie sich nach ihm umdrehten, mit offenem Mund und sich nicht schämten, ihn anzustarren. Sogar in der Kirche wurden wir angestarrt. Leute rückten von uns ab, manche wollten nicht neben Norbert sitzen und guckten sehr unfreundlich, wenn Norbert versuchte mitzusingen. Er durfte auch nicht mit den anderen Kindern zur Erstkommunion gehen. Für ihn gab es einen gesonderten Termin.
Wenn die Leute uns so anstarrten, wurde ich oft richtig laut und böse: ‚Norbert, dreh dich noch mal um, damit die Leute dich besser sehen können‘ oder ‚wollen Sie ein Foto von meinem Bruder?‘, rief ich dann.

Heute hat sich das geändert, wir werden nicht mehr so sehr angegafft, wenn wir zusammen über die Straße gehen, oder vielleicht prallt es auch heute an mir ab, weil ich selbstbewusster geworden bin. Einige Verkäufer behandeln ihn und mich sogar ganz nett. Das muss man der Gerechtigkeit halber sagen.

Heute stehe ich voll zu ihm

Irgendwann hat sich meine Einstellung zu Norbert geändert. Ich brauchte erst das nötige Selbstvertrauen. Heute kann ich anderen Leuten, auch Arbeitskollegen, ohne Hemmungen von meinem Bruder erzählen.

Seit dem Tod meines Vaters bin ich Norberts Betreuerin (früher: Vormund). Er lebt jetzt in einem Heim, in dem er sich sehr wohl fühlt. Mehrmals im Monat besuche ich ihn dort, und trotz seiner Sprachbehinderung können wir uns gut verständigen. Ich erfahre alle Neuigkeiten aus dem Heim und der Werkstatt. Mit Norberts Mitbewohnern komme ich gut zurecht, sie kennen mich. Wenn ich sie auf der Straße treffe, kommen sie auf mich zu, begrüßen mich und unterhalten sich mit mir, der Schwester vom Norbert.

Manchmal denke ich, dass mich das Leben mit Norbert schon sehr geprägt hat, und könnte ich mich heute noch einmal für einen Beruf entscheiden, ich ginge sicher nicht in die Banklehre, sondern würde im sozialen Bereich arbeiten.

Wenn Norbert Geburtstag hat (er kennt den Kalender genau und weiß auch, wann seine Verwandten und Freunde Geburtstag haben), fahre ich mit meinem Mann ins Heim, und wir feiern den Ehrentag gemeinsam mit seiner Gruppe.

Das Weihnachtsfest verbringt Norbert bei mir und meiner Familie. Gegen fünf Uhr, wenn es draußen dunkel wird, erklärt er uns, dass es jetzt Nacht sei. Er packt seine Geschenke zusammen und will zurück ins Heim. Dort ist sein Zuhause, und er will nirgendwo anders übernachten [...]“

(Quelle: Neumann, Heike, 2001, S. 69–78)

1. Notieren Sie spontan Ihre Einschätzung zu dieser Situation:
- Benennen Sie die Personen, die direkt und indirekt an der Situation beteiligt sind.
- Beschreiben Sie, wie Norberts Mutter und Schwester die Situation sehen. (Eventuell können Sie die einzelnen Beteiligten besser einschätzen, wenn Sie ihre Sichtweise einnehmen. Formulieren Sie hierzu in ein oder zwei Sätzen die jeweiligen Gedanken und Gefühle der Beteiligten in der Ich-Form.)

2. Zeigen Sie die einzelnen Etappen der Geschwisterbeziehung im Verlauf des bisherigen Lebens der beiden auf. Benutzen Sie hierzu einen etwas größeren Bogen Papier.
Verdeutlichen Sie die Entwicklung von unterschiedlichen Gefühlen, Gedanken und bedeutsamen Situationen der Schwester auch mithilfe kleinerer gezeichneter oder anders gestalteter Symbole.

3. Diskutieren Sie abschließend nochmals die Frage: Was spricht für die Unterbringung eines Familienmitgliedes mit Behinderungen in einer Wohnstätte/was für ein lebenslanges Wohnen in der Familie, was eher dagegen?

12 Text zum Nachdenken: „Alt werden – was heißt das eigentlich?“

Die Geschichte vom Holzpferd

„[...] ‚Das Holzpferd‘, so heißt es, ‚lebte länger im Kinderzimmer als irgendjemand sonst. Es war so alt, dass sein brauner Stoffüberzug ganz abgeschabt war. Es war in Ehren alt und weise geworden.‘

‚Was ist wirklich?‘, fragte eines Tages der Stoffhase, als sie Seite an Seite lagen. ‚Bedeutet es, Dinge in sich zu haben, die summen und mit einem Griff ausgestattet zu sein?‘ ‚Wirklich‘, antwortete das Holzpferd, ‚ist nicht, wie man gemacht ist. Es ist etwas, was an einem geschieht. Wenn ein Kind dich liebt für eine lange, lange Zeit, nicht nur um mit dir zu spielen, sondern dich wirklich liebt, dann wirst du wirklich.‘ – ‚Tut es weh?‘ fragte der Hase. ‚Manchmal‘, antwortete das Holzpferd. ‚Wenn du wirklich bist, dann hast du nichts dagegen, dass es wehtut.‘ – ‚Geschieht es auf einmal, so wie wenn man aufgezogen wird?‘ ‚Es geschieht nicht auf einmal‘, sagte das Holzpferd. ‚Du wirst. Es dauert lange. Das ist der Grund, warum es nicht oft an denen geschieht, die leicht brechen oder die scharfe Kanten haben oder die schön gehalten werden müssen. Im Allgemeinen sind zur Zeit, da du wirklich sein wirst, die Augen ausgefallen; du bist wacklig in den Gelenken und sehr hässlich. Aber diese Dinge sind überhaupt nicht wichtig; denn wenn du wirklich bist, kannst du nicht hässlich sein, ausgenommen in den Augen von Leuten, die überhaupt keine Ahnung haben.‘

‚Ich glaube, du bist wirklich‘, meinte der Stoffhase. Und dann wünschte er, er hätte das nicht gesagt – das Holzpferd könnte empfindlich sein. Aber das Holzpferd lächelte nur [...]“

(Quelle: Williams, Margery, 1997, S. 123)

1. Beschreiben Sie, was der Autor der „Geschichte vom Holzpferd“ im Hinblick auf die Thematik „Alt werden – was heißt das eigentlich“ mitteilen möchte. Was denken Sie über seine Aussage?

2. Tauschen Sie Ihre Gedanken in der Kleingruppe aus.

13 Psychische Veränderungen im Alter

Ergänzen Sie die folgenden Definitionen, indem Sie die richtigen Formulierungen in den Klammern unterstreichen und in die Kästchen unten einsetzen. Wandeln Sie dabei die Umlaute um (ä = ae, ö = oe, ü = ue). Das gesuchte Lösungswort bezeichnet ein wichtiges pädagogisches Förderangebot in der Altenhilfe.

a) Die sogenannte **Beharrungstendenz** zeigt sich in einem (**1** *Loslassen der, Festhalten an*) gewohnten Verhaltensweisen und kann sich in ungünstigen Fällen bis hin zum Altersstarrsinn steigern.

b) Die **Veränderung der Gedächtnisleistung** zeigt sich insbesondere darin, dass das Kurzzeitgedächtnis (**2** *nachlässt, hervortritt, ausfällt*) und das Langzeitgedächtnis (**3** *verkümmert, hervortritt, nachlässt*).

c) Die altersbedingte **Charakterausprägung** zeigt sich darin, dass sich eine für den Menschen typische Eigenschaft (**4** *verstärkt, verschlechtert, vermindert*).

d) Die **Veränderung des Leistungsverhaltens** zeigt sich darin, dass es dem älteren Menschen immer schwerer fällt, Leistung unter Zeitdruck zu erbringen. Der Grund hierfür ist eine (**5** *Verhinderung, Verminderung, Steigerung*) der Konzentrations- und Merkfähigkeit.

1→		2						12			▨		18
2→	16		6					11					
3→	7							13	15		8		
4→						4/14	5						
5→					10/17		3				9	1/19	

Lösungswort:

1	2	3	4	5	6	7	8	9	10	11	12	13	14	15	16	17	18	19

14 Mögliche Verhaltensprobleme älterer Menschen

Beispiel

Frau Kühne kann nicht mehr. Sie schafft es nicht mehr aufzustehen, sich zu waschen oder zu kämmen. Schon seit längerer Zeit verlässt sie ihr Zimmer nicht mehr, um an den Angeboten des sozialen Dienstes teilzunehmen, die ihr zu Beginn ihres Heimaufenthalts viel Freude bereitet haben. Alles erscheint ihr ausweglos und sinnlos. Zudem plagen sie Schuldgefühle, weil sie es noch nicht einmal mehr schafft, sich zusammenzureißen, wenn sie von ihren Angehörigen besucht wird. Sie nimmt sich immer wieder vor, etwas zu ändern, doch sie weiß eigentlich schon vorher, dass sie bei dem Versuch scheitern wird, die Probleme anzupacken. Sie hat das Gefühl, ihr Kopf platze gleich. Nicht einmal mehr in der Nacht findet sie Ruhe und kann kaum noch schlafen.

Ständig muss sie an ihre scheinbar hoffnungslose Situation denken. Am liebsten würde sie niemanden mehr sehen, am liebsten wäre sie tot.

Wenn das Pflegepersonal ihr Zimmer betritt, ist sie kaum ansprechbar und scheint ständig in Gedanken versunken und lässt sich nicht dazu bewegen, an Aktivitäten teilzunehmen.

(vgl. Köther, Ilka, 2005, S. 299)

1. Unter welcher psychischen Störung leidet Frau Kühne vermutlich?

2. Benennen Sie die im Beispiel aufgeführten Kennzeichen dieser Störung und listen Sie die entsprechenden Textstellen auf.

3. Nennen Sie mindestens drei Betreuungshinweise, die Sie bei der Pflege und Betreuung von Frau Kühne besonders beachten müssen.

15 Verschiedene Formen von Beeinträchtigungen

Aus folgenden Silben sind sieben Begriffe zu bilden (ä = ae, ö = oe, ü = ue). Bei jedem Begriff handelt es sich um eine Behinderungsform. Das Lösungswort bezeichnet eine weitere Körperbeeinträchtigung.

AU ▪ BE ▪ DE ▪ DEP ▪ DOWN ▪ DROM ▪ EPI ▪ HIN ▪ LE ▪ LERN ▪ LEP ▪ MA ▪ MELN ▪ MUL ▪ MUS ▪ ON ▪ RES ▪ RHEU ▪ RO ▪ RUNG ▪ SE ▪ SI ▪ SIE ▪ SKLE ▪ STAM ▪ SYN ▪ TIS ▪ TIP

A. eine Erkrankung des Zentralnervensystems
B. eine Anfallserkrankung
C. umgangssprachliche Kurzbezeichnung einer Erkrankung der Gelenke, Muskeln, Nerven, Sehnen
D. eine Sprachstörung
E. eine angeborene geistige Behinderung
F. psychische Erkrankung, die sich unter anderem als Flucht in die eigene Fantasiewelt äußert
G. seelische Verstimmung unterschiedlicher Ursachen
H. eine Intelligenzstörung

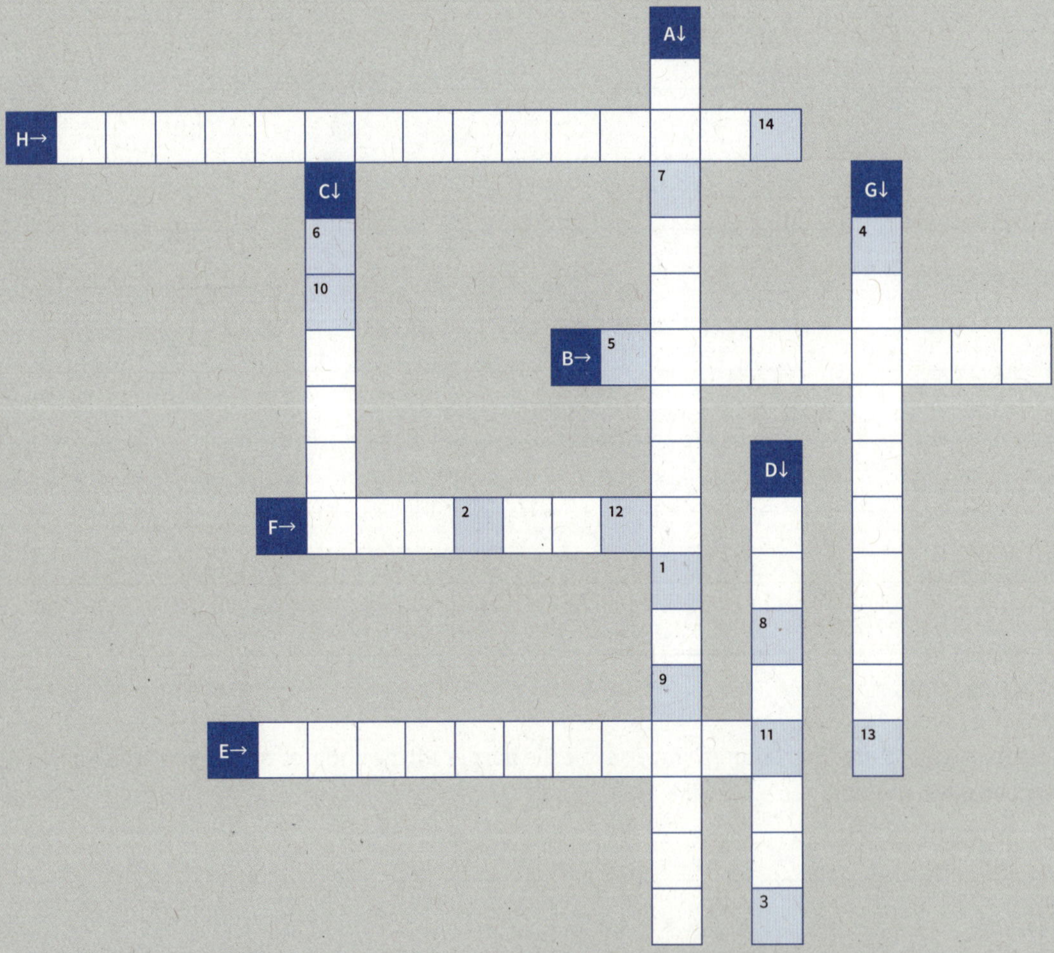

Lösungswort:

1	2	3	4	5	6	7	8	9	10	11	12	13	14

16 Menschen mit körperlichen Beeinträchtigungen

Tragen Sie die gesuchten Begriffe in die Kästchen ein (ä = ae, ö = oe, ü = ue). Das Lösungswort benennt eine Körperbeeinträchtigung.

1. Erfinder der Blindenschrift
2. ein anderes Wort für „Behinderung“
3. ein wesentliches Merkmal einer Körperbehinderung ist immer eine Beeinträchtigung der ...
4. Fach- und Praxisberatung durch einen erfahrenen Spezialisten (zum Beispiel in Bezug auf den Umgang mit zunehmend hilfsbedürftigen Menschen)
5. gebräuchliche Abkürzung für eine Körperbehinderung aufgrund einer Erkrankung des Gehirns und des Rückenmarks mit Schädigung der Nervenfasern
6. psychische Reaktion zur Abwehr von Ängsten und Unsicherheiten bei einer drohenden Behinderung

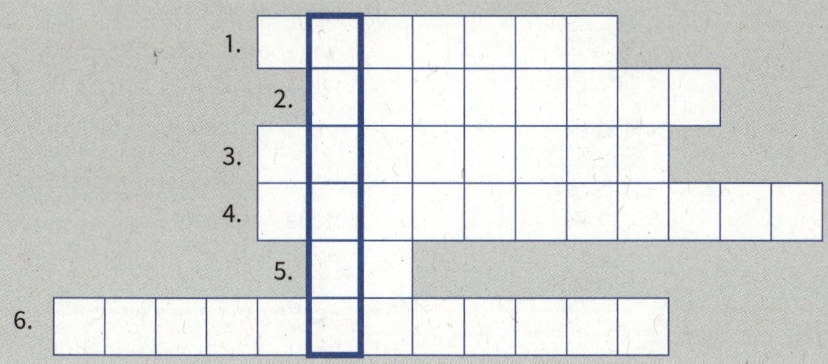

17 Das Normalisierungsprinzip in der Arbeit mit Menschen mit geistiger Behinderung

1. Unterstreichen Sie alle der unten genannten Rahmenbedingungen zur Wohnraum- und Freizeitgestaltung von Menschen mit geistiger Behinderung, die Ihrer Meinung nach der Forderung nach „Normalisierung“ entsprechen.

2. Markieren Sie Nennungen, die Sie eher kritisch sehen.

3. Vergleichen Sie in der Kleingruppe die Ergebnisse Ihrer Überlegungen.

Wohnen

- individuelle Rückzugsmöglichkeiten
- Bereitstellung von Einrichtungsgegenständen
- Hilfsmittel zur Lebensbewältigung
- Eigenverantwortlichkeit der Bewohner bei der Hausarbeit und kleineren Besorgungen
- Aufstellung von Regeln für das Zusammenleben
- kleinere Wohnheime auf dem Land
- nach Möglichkeit lange mit der eigenen Familie in einem Haus wohnen

Freizeit

- Nutzung von Freizeitangeboten außerhalb der Einrichtung
- behutsames Heranführen an neue Angebote
- Festlegung eines einmal wöchentlich stattfindenden gemeinsamen Freizeitangebots
- Realisierung gut geplanter Ferien- und Reisefreizeiten
- Begleitung der Bewohner bei ihrem aktiven und passiven Umgang mit Medien (Fernseher, Computer, Videos, Fotos)
- Durchführung von Familienfeiern in der Einrichtung

18 Wahrnehmung

1. Betrachten Sie das Foto genau. Sie haben dazu drei Minuten Zeit.

2. Halten Sie danach Ihre Wahrnehmungen aus der Erinnerung schriftlich fest.

3. Vergleichen Sie Ihr Ergebnis mit den Aufzeichnungen der Mitglieder Ihrer Kleingruppe.

Auswertungshilfen

- Wo gibt es Übereinstimmungen in den genannten Aussagen? Wo lassen sich Unterschiede erkennen?
- Welche Details werden eventuell gar nicht benannt?
- Gibt es Ihrer Meinung nach Umdeutungen bestimmter Bildinhalte? Benennen Sie diese.
- Welche Bildinhalte hat jeder Einzelne stark hervorgehoben, welche eher vernachlässigt?
- Nennen Sie Faktoren (Erfahrungen, Einstellungen, Vorurteile usw.), die hierfür Ihrer Meinung nach ursächlich sein könnten.

19 Beobachtung

Kopiervorlage für die Praktikantin

Überlegen Sie, inwieweit Sie bestimmte Verhaltensweisen bei der Spielbegleitung von Gesellschaftsspielen mit Kindern, Jugendlichen **oder** erwachsenen Menschen mit Behinderungen oder älteren Menschen zeigen. Stellen Sie hierzu Ihre **Selbstbeobachtung** durch Ankreuzen auf den einzelnen Skalen dar. Gleichen Sie Ihren Eindruck mit der **Fremdbeobachtung** Ihrer Praxisanleitung ab.

1. Blickkontakt zu allen Mitspielern während der Spielerklärung halten

gelingt immer	gelingt meistens	gelingt überwiegend	gelingt teilweise	gelingt gar nicht

2. einfache, prägnante und kurze Erklärungen zu den Spielregeln geben

gelingt immer	gelingt meistens	gelingt überwiegend	gelingt teilweise	gelingt gar nicht

3. einen Probedurchgang zum Verinnerlichen der Spielregeln durchführen

gelingt immer	gelingt meistens	gelingt überwiegend	gelingt teilweise	gelingt gar nicht

4. Spielzüge in den ersten Runden kommentieren, damit Spielregeln behalten werden

gelingt immer	gelingt meistens	gelingt überwiegend	gelingt teilweise	gelingt gar nicht

5. eigene Spielfreude zeigen

gelingt immer	gelingt meistens	gelingt überwiegend	gelingt teilweise	gelingt gar nicht

6. Spielerfolge einzelner Mitspieler bewundern, hervorheben

gelingt immer	gelingt meistens	gelingt überwiegend	gelingt teilweise	gelingt gar nicht

7. das Engagement der einzelnen Spieler würdigen

gelingt immer	gelingt meistens	gelingt überwiegend	gelingt teilweise	gelingt gar nicht

8. darauf achten, dass das Spiel an seinen festen Aufbewahrungsort zurückgebracht wird

gelingt immer	gelingt meistens	gelingt überwiegend	gelingt teilweise	gelingt gar nicht

9. den Mitspielern mitteilen, wann das Spiel beendet ist und was dann geschieht

gelingt immer	gelingt meistens	gelingt überwiegend	gelingt teilweise	gelingt gar nicht

Kopiervorlage für die Praxisanleitung

Überlegen Sie, inwieweit die Praktikantin bestimmte Verhaltensweisen bei der Spielbegleitung von Gesellschaftsspielen mit Kindern, Jugendlichen **oder** erwachsenen Menschen mit Behinderungen **oder** älteren Menschen zeigt. Stellen Sie hierzu Ihre Beobachtung durch Ankreuzen auf den einzelnen Skalen dar. Gleichen Sie Ihren Eindruck mit der Selbstbeobachtung Ihrer Praktikantin ab.

1. Blickkontakt zu allen Mitspielern während der Spielerklärung halten

gelingt immer	gelingt meistens	gelingt überwiegend	gelingt teilweise	gelingt gar nicht

2. einfache, prägnante und kurze Erklärungen zu den Spielregeln geben

gelingt immer	gelingt meistens	gelingt überwiegend	gelingt teilweise	gelingt gar nicht

3. einen Probedurchgang zum Verinnerlichen der Spielregeln durchführen

gelingt immer	gelingt meistens	gelingt überwiegend	gelingt teilweise	gelingt gar nicht

4. Spielzüge in den ersten Runden kommentieren, damit Spielregeln behalten werden

gelingt immer	gelingt meistens	gelingt überwiegend	gelingt teilweise	gelingt gar nicht

5. eigene Spielfreude zeigen

gelingt immer	gelingt meistens	gelingt überwiegend	gelingt teilweise	gelingt gar nicht

6. Spielerfolge einzelner Mitspieler bewundern, hervorheben

gelingt immer	gelingt meistens	gelingt überwiegend	gelingt teilweise	gelingt gar nicht

7. das Engagement der einzelnen Spieler würdigen

gelingt immer	gelingt meistens	gelingt überwiegend	gelingt teilweise	gelingt gar nicht

8. **darauf achten, dass das Spiel an seinen festen Aufbewahrungsort zurückgebracht wird**

gelingt immer	gelingt meistens	gelingt überwiegend	gelingt teilweise	gelingt gar nicht

9. **den Mitspielern mitteilen, wann das Spiel beendet ist und was dann geschieht**

gelingt immer	gelingt meistens	gelingt überwiegend	gelingt teilweise	gelingt gar nicht

Lernfeld 3: „Mit Konzepten in sozialpädagogischen Einrichtungen arbeiten“

1 Gestaltung der Eingewöhnungsphase in der Kindertagesstätte und Kindertagespflege

Ordnen Sie die aufgelisteten elternbegleitenden, bezugspersonenorientierten und abschiedsbewussten Verhaltensweisen den entsprechenden Phasen des Berliner Eingewöhnungsmodells zu.

Berliner Eingewöhungsmodell: Grundphase ▪ Trennungsversuch ▪ Stabilisierungsphase ▪ Schlussphase

a) Einige Minuten nach Ankunft verabschiedet sich der begleitende Elternteil vom Kind und verlässt den Raum, auch wenn das Kind protestiert, bleibt aber in der Nähe der Tür.

____

b) Die Erzieherin beziehungsweise die Tagesmutter versucht vorsichtig und ohne zu drängen, über Spielangebote oder Beteiligung am Spiel des Kindes, Kontakt zu ihm aufzunehmen.

____

c) Es wird gemeinsam ein kurzes Abschiedsritual entwickelt, das von nun an eingehalten werden soll und dem Kind die tägliche Trennung sehr erleichtern kann.

____

d) Die feste Bezugsperson des Kindes (meist ein Elternteil) bleibt für etwa eine Stunde mit dem Kind im (Gruppen-)Raum. Danach gehen beide wieder nach Hause.

____

e) Die Eltern halten sich nicht mehr gemeinsam mit dem Kind in der Einrichtung/bei der Tagesmutter auf, sind jedoch jederzeit erreichbar und in der Lage, das Kind frühzeitig abzuholen.

____

f) Es findet kein Trennungsversuch während dieser Zeit statt.

____

g) Die Erzieherin beziehungsweise Tagesmutter reagiert nun als Erste auf Signale des Kindes. Die Eltern helfen nur, wenn das Kind die Erzieherin noch nicht akzeptiert.

____

2 Begleitung des Kindes unter drei Jahren in einigen typischen Alltagssituationen

Finden Sie zu den genannten Alltagssituationen A, B und C jeweils die zwei **falschen** Hinweise und streichen Sie diese durch.

A. Hinweise zur Begleitung der Mahlzeiten

- Achten Sie auf eine ruhige Umgebung beim Füttern und lassen Sie sich Zeit, da sich Ihre Unruhe auf das Kind übertragen kann.
- Wischen Sie Brei- und Essensreste nach jedem Löffel ab.
- Schauen Sie das Kind beim Füttern an und sprechen Sie mit ihm, denn nur so kann es sich geborgen fühlen.
- Beteiligen Sie die Kinder, wenn möglich, an anfallenden hauswirtschaftlichen Aktivitäten zur Vor- und Nachbereitung von Speisen (zum Beispiel Tischdecken und Abwaschen).
- Schaffen Sie Tischatmosphäre, beispielsweise durch Tischdecken und Tischschmuck, denn auch bei den Kindern „isst das Auge mit“.
- Essen Sie gemeinsam mit den Kindern.
- Achten Sie darauf, dass Essensreste in den Mülleimer geworfen werden.

B. Hinweise zum Wickeln und zur Sauberkeitserziehung

- Passen Sie die Wickelzeiten dem individuellen Rhythmus des Kindes an.
- Achten Sie darauf, dass das Kind nicht die Creme- und Puderdosen bei den Pflegevorgängen in die Hand nimmt, damit die Wickelsituation schnell beendet ist.
- Wickeln Sie das Kind an einem ruhigen Ort, der eventuell mit Mobiles gemütlich gestaltet wird.
- Achten Sie immer auf Bewegungen des Kindes, da es sich ab dem dritten Monat spontan drehen kann und so die Gefahr des Herunterfallens vom Wickeltisch gegeben ist.
- Drängen Sie das Kind niemals, länger auf der Toilette (mit Einsatz) sitzen zu bleiben, als es selbst möchte.
- Setzen Sie das Kind zu festen Zeiten auf die Toilette.

C. Hinweise zu Ruhe- und Schlafphasen

- Legen Sie alle Kleinstkinder zur gleichen Zeit schlafen.
- Schaffen Sie für die Kinder einen Übergang vom Wachen zum Schlafen, da sie sich erst langsam von den vorausgegangenen Tätigkeiten lösen müssen.
- Erkundigen Sie sich ausgiebig nach den Schlafgewohnheiten der Kinder und übernehmen Sie diese so weit wie möglich (zum Beispiel Einschlafhilfen wie bestimmte Stofftiere).
- Vergegenwärtigen Sie sich die Bedürfnisse der Kinder bezüglich der Schlafumgebung (zum Beispiel können einige Kinder nur in absoluter Ruhe einschlafen, während andere Kinder am besten einschlafen, wenn andere Kinder ebenfalls im Raum sind).
- Wenn Kinder stark erkältet sind, entfernen Sie nicht ihre Oberbekleidung, damit sie nicht so schnell frieren.
- Zwingen Sie die Kinder nicht dazu, mittags zu schlafen, aber gestalten Sie die Mittagszeit als Ruhephase für alle Kinder.

3 Begleitung eines Kindergartenkindes während des Freispiels

Beispiel

Der Praktikant Jens hat bereits zwei Wochen in einer Kindertagesstättengruppe mit 25 Kindern im Alter von drei bis sechs Jahren verbracht. Bisher hat er die Erzieherin bei ihrer Begleitung der Kinder im Freispiel beobachten können und hat selbst mit einigen Kindern Gesellschaftsspiele am Tisch durchgeführt, mit Kindern den Frühstückstisch gedeckt und ihnen beim Malen zugesehen.
Heute wünscht die Erzieherin, dass er sich um die dreijährige Lea kümmert, die vor Kurzem neu in den Kindergarten gekommen ist. Jens bemüht sich, diese Aufgabe gut zu erfüllen.

Beurteilen Sie Jens Verhalten in jeder geschilderten Situation, indem Sie die zutreffende Aussage ankreuzen und den Satz mit einer kurzen Begründung vervollständigen.

a) Als Jens Lea mit ihrer Mutter in der Tür stehen sieht, steht er von seinem Platz auf, lächelt Lea an und begrüßt sie und ihre Mutter.

Jens hat sich ☐ genau richtig ☐ zum Teil richtig ☐ falsch verhalten, weil ______________________

____

____

____

b) Er nimmt sie auf den Arm und setzt sich dann mit ihr an den Maltisch.

Jens hat sich ☐ genau richtig ☐ zum Teil richtig ☐ falsch verhalten, weil ______________________

____

____

____

c) Lea möchte ein Blatt mit bunten Schnipseln und kleinen Ästen bekleben. Sie nimmt eine Klebstoffflasche, drückt kräftig darauf, sodass sich sehr viel Klebstoff auf dem Blatt befindet. Jens sagt: „Lea, tu nicht so viel Klebe auf das Blatt, komm ich zeig dir, wie man die Stöcker richtig anpappt.“ Jens nimmt ein kleines Stöckchen, gibt mit langsamen Bewegungen einige Tropfen Klebstoff darauf, drückt es auf ein Blatt, wartet ein paar Minuten ab und zeigt Lea, dass das Stöckchen auch mit weniger Klebstoff auf dem Blatt kleben bleibt.

Jens hat sich ☐ genau richtig ☐ zum Teil richtig ☐ falsch verhalten, weil ______________________

____

____

____

d) Lea ist nun sehr auf die Gestaltung ihres Werkes fixiert. Jens nutzt diese Zeit, um sich die Bilder der anderen Kinder, die mit dem Malen fertig sind, anzusehen. Ein Junge erzählt, dass er einen Zoo gemalt hat. Jens schaut sich gemeinsam mit ihm das Bild genau an.

Jens hat sich ☐ genau richtig ☐ zum Teil richtig ☐ falsch verhalten, weil ______________________

____

____

____

e) Lea hat ihr Werk nun auch beendet. Jens schaut es sich gemeinsam mit ihr an, zeigt ihr, wo sie es zum Trocknen hinlegen kann, und fordert sie auf, die Materialien, die sie nicht mehr benötigt, in den Schrank zu räumen.

Jens hat sich ☐ genau richtig ☐ zum Teil richtig ☐ falsch verhalten, weil ______________________

____

____

____

f) Jens begleitet Lea zum Frühstückstisch, packt seinen Schokoriegel aus und frühstückt mit ihr gemeinsam.

Jens hat sich ☐ genau richtig ☐ zum Teil richtig ☐ falsch verhalten, weil ______________________

____

____

____

g) Während des Frühstücks erzählt Lea von ihrem gestrigen Schwimmbadbesuch. Jens hört ihr aufmerksam zu, fragt sie in einem kurzen Gespräch, wer sie begleitet hat und ob sie schon öfter im Schwimmbad war.

Jens hat sich ☐ genau richtig ☐ zum Teil richtig ☐ falsch verhalten, weil ______________________

____

____

____

h) Jens beobachtet vom Frühstückstisch aus, wie ein Junge in der Bauecke versucht, einen anderen Jungen mit einer selbst gebauten Pistole zu bedrohen. Jens weiß nicht genau, ob dieses Spiel erlaubt ist, weist die Erzieherin jedoch sofort auf seine Beobachtung hin.

Jens hat sich ☐ genau richtig ☐ zum Teil richtig ☐ falsch verhalten, weil ______________________

____

____

____

i) Nach dem Frühstück zeigt Jens Lea, wie das Geschirr abgespült wird, und lässt es sie dann selbstständig versuchen.

Jens hat sich ☐ genau richtig ☐ zum Teil richtig ☐ falsch verhalten, weil ______________________

____

____

____

j) Die Erzieherin stimmt das Aufräumlied an, weil das Freispiel beendet ist. Jens hilft den Kindern beim Aufräumen und zeigt einigen jüngeren Kindern, wo bestimmte Spielsachen ihren Platz haben.

Jens hat sich ☐ genau richtig ☐ zum Teil richtig ☐ falsch verhalten, weil ______________________

____

____

____

4 Text zum Nachdenken: „Der Ernst des Lebens"

„Mit sechs beginnt der Ernst des Lebens. Das hatte Annette schon oft gehört. Was dieser Ernst des Lebens eigentlich war, wusste sie nicht. Aber Annette ahnte: Es konnte nichts Schönes sein.
Neulich erst hatte Mama gesagt: ‚Warte mal ab, bis du sechs bist und in die Schule kommst. Dann beginnt der Ernst des Lebens.' Sogar die große Schwester Bettina machte ihr Angst: ‚Du wirst noch merken, wie gut du es in deinem Baby-Kindergarten hattest.' Annette hasste das Wort ‚Baby-Kindergarten'. Schließlich war sie schon lange kein Baby mehr.
Annette sah ihrem sechsten Geburtstag mit gemischten Gefühlen entgegen. Sie saß da und überlegte, wie der Ernst des Lebens wohl aussah: Vielleicht wie ein großer Felsbrocken? Ob der Ernst des Lebens wohl auf dem Geburtstagstisch hockte und Geschenke verschlang? Oder versteckte sich der Ernst des Lebens in der Zeitung und machte Menschen mürrisch? Ja, so musste es sein! Annette dachte daran, wie oft Papa schimpfte: ‚Ich lese gerade Zeitung. Siehst du das nicht?' So war Papa sonst nie. Da steckte bestimmt dieser Ernst des Lebens dahinter.

Annette wollte ja lesen und schreiben. Aber wenn sie dabei den Ernst des Lebens kennenlernen musste, würde sie vielleicht doch lieber verzichten ...
Der sechste Geburtstag kam. Und es wurde ein schöner Geburtstag. Annette packte viele Geschenke aus. In keinem war der Ernst des Lebens eingewickelt. Von Mama und Papa bekam Annette Rollschuhe und einen blauen Plüschelefanten. Bettina schenkte ihrer kleinen Schwester ein Buch. Sie sagte: ‚Bald kannst du das ganz alleine lesen.' Der Geburtstag war so schön, dass Annette darüber fast den Ernst des Lebens vergaß.
Aber dann sollte Annette ihn doch noch kennenlernen. Denn kurz nach ihrem Geburtstag kam sie in die Schule.
Sie malte und sie schrieb. Sie sang und sie rechnete. Zwischendurch schwatzte sie mit dem Jungen, der neben ihr saß. Er lieh

Annette seine Buntstifte. Er durfte bei Annette abschreiben. Er brachte sogar Bonbons mit: eine ganze Tüte voll für Annette. Der Junge hieß Ernst.
Annette war sehr froh. Nun hatte sie den Ernst ihres Lebens kennengelernt. Sie war erleichtert, dass der Ernst des Lebens so nett war. Und sie beschloss, sich von den Großen nie mehr Angst machen zu lassen.
Als Annette ihren Freund zum Spielen einlud, erzählte sie zu Hause: ‚Heute kommt der Ernst des Lebens zu mir. Seid bitte freundlich zu ihm!‘ [...]“

(Quelle: Jörg, Sabine/Kellner, Ingrid, 1996, o. S.)

1. Nennen Sie mindestens zwei Aspekte, welche durch die Geschichte „Der Ernst des Lebens“ im Hinblick auf die Thematik „den Übergang von der Kita zur Grundschule gestalten“ mitgeteilt werden.

2. Tauschen Sie Ihre Gedanken in der Kleingruppe aus.

5 Pädagogische Handlungskonzepte

Aus folgenden Silben sind neun Begriffe zu bilden (ä = ae, ö = oe, ü = ue). Jeder gesuchte Begriff steht in direktem Zusammenhang mit den im Lehrbuch in Lernfeld 3 vorgestellten alten und neuen Handlungskonzepten. Bei dem Lösungswort handelt es sich um einen sehr bekannten Begriff eines deutschen Pädagogen, der unübersetzt in viele Sprachen überging.

AH ▪ AL ▪ ATI ▪ AZ ▪ BEN ▪ BLE ▪ DO ▪ EN ▪ EN ▪ ERI ▪ GA ▪ GUZ ▪ JEK ▪ KU ▪ LA ▪ LO ▪ MA ▪ MAT ▪ MEN ▪ MUNG ▪ NACH ▪ NES ▪ OD ▪ ON ▪ PE ▪ PI ▪ PRO ▪ RI ▪ RIS ▪ SEN ▪ SI ▪ SI ▪ SIN ▪ SPIEL ▪ TA ▪ TEN ▪ TION ▪ TU ▪ ZA ▪ ZI

A. Friedrich Fröbel nannte seine ersten bekannten Spielmaterialien ______________________.

B. ______________________ der Kinder bilden den Ausgangspunkt des situationsorientierten Arbeitens.

C. Verwirklicht wird der situationsorientierte Ansatz beispielsweise durch die Arbeit in ______________________.

D. Nach Rudolf Steiner lernen die Kinder in der ersten Lebensphase vor allem durch ______________________.

E. Als Begründer und Leiter der ersten Reggio-Einrichtung ist ______________________ bekannt.

F. Den Mittelpunkt eines Reggio-Kindergartens bildet die sogenannte ______________________.

G. Was, wie und warum in einem Reggio-Kindergarten passiert, wird durch die ______________________ vermittelt.

H. Maria Montessori bezeichnet Entwicklungsperioden mit besonderen Empfänglichkeiten für spezifische Umweltreize als ______________________.

I. In den Montessori-Kinderhäusern gibt es neben anderen bekannten Materialien das sogenannte ______________________.

Maria Montessori

Lösungswort:

1	2	3	4	5	6	7	8	9	10	11	12

6 Therapieformen in einer integrativen, heilpädagogischen Kindertagesstätte

Ordnen Sie den Erläuterungen die entsprechende Therapieform zu.

- Diese Therapie betont die enge Wechselbeziehung zwischen psychisch-emotionalem Erleben und Bewegungserleben.
- Menschen, die halbseitig gelähmt sind, können durch dieses tiergestützte physiotherapeutische Verfahren ein Gefühl für ihre Körpermitte entwickeln.
- Menschen mit körperlichen Beeinträchtigungen, die im alltäglichen Leben auf Hilfsmittel angewiesen sind, können durch das einfache Bewegen im Wasser von diesen befreit werden und sich hier richtig entspannen.
- Durch diese Therapie werden unter anderem die Sprechfolge und die physiologischen Voraussetzungen wie Atmung und Mundmotorik gefördert.
- Diese Therapie dient der Entwicklung, Wiederherstellung, Verbesserung, Erhaltung und Kompensation der krankheitsbedingt gestörten motorischen, sensorischen, psychischen und kognitiven Funktionen und Fähigkeiten.
- Durch den systematischen und stufenförmigen Behandlungsaufbau wird versucht, die natürliche physiologische Reaktion des Organismus zu verbessern.

- SCHWIMMTHERAPIE (HYDROTHERAPIE)
- PSYCHOMOTORIK
- ERGOTHERAPIE
- HEILPÄDAGOGISCHES VOLTIGIEREN (HIPPOTHERAPIE)
- PHYSIOTHERAPIE
- LOGOPÄDIE

7 Begleitung von Menschen mit erheblichem Beaufsichtigungs- und Betreuungsbedarf durch gezielte Alltagsaktivitäten

1. Finden Sie jeweils ein bis zwei konkrete Angebote und/oder Materialien für die Einzelbetreuung im Rahmen des § 43b SGB XI zu den Bereichen:
gestalterische/handwerkliche Tätigkeiten ▪ Übungen des täglichen Lebens ▪ Spielen ▪ Bewegen ▪ Musik ▪ Lesen/Vorlesen ▪ Erinnerungspflege und Beschäftigungsmöglichkeiten im Umfeld der Einrichtung

Gruppieren Sie Ihre Angebote rund um das vorgegebene Wort „Beschäftigungsangebote“, sodass Ihr eigenes Kreuzworträtsel entsteht.

2. Vergleichen Sie Ihre Ergebnisse mit denen Ihrer Mitschülerinnen und ergänzen Sie.

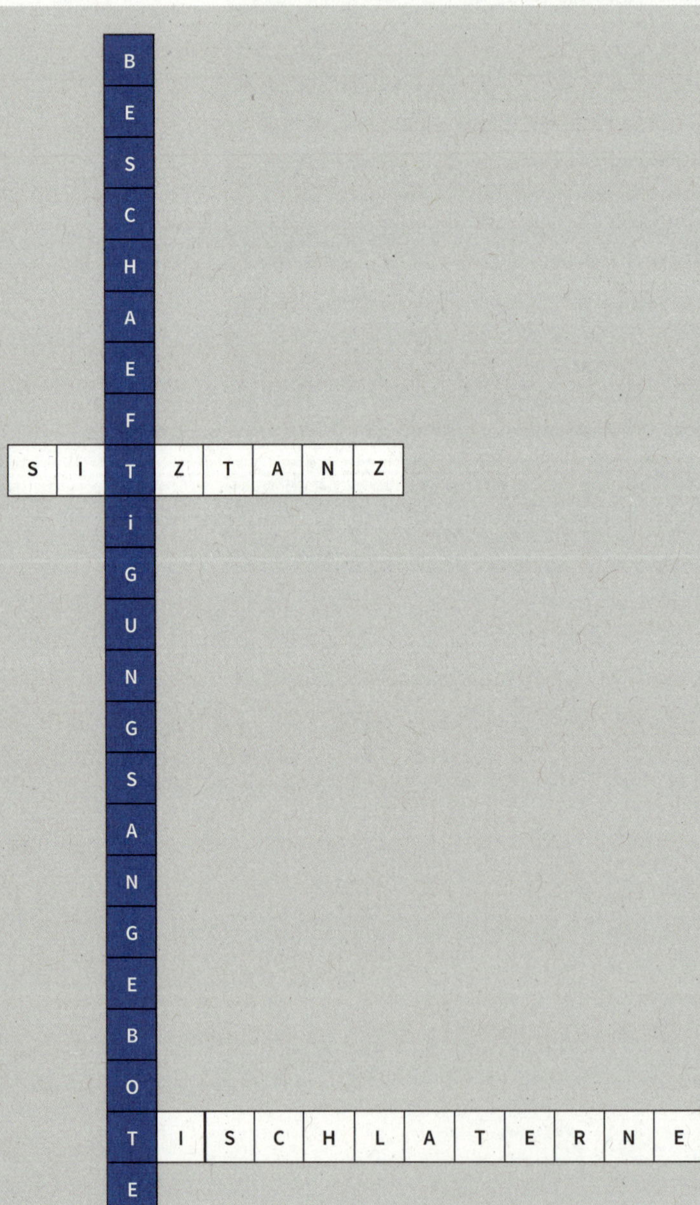

Hinweis
Es wird empfohlen, das ausgefüllte Arbeitsblatt in die Praxis-Portfoliomappe zu heften.

8 Planung gezielter Angebote für Menschen mit erheblichem Beaufsichtigungs- und Betreuungsbedarf

Im Folgenden finden Sie einige Angaben aus dem Praktikumsbericht eines angehenden Sozialassistenten zu einer Bewohnerin eines Altenpflegeheims.

Beispiel

Frau C. ist 76 Jahre alt. Sie ist verwitwet. Früher hat sie in einem Handarbeitsgeschäft gearbeitet. Sie pflegt Kontakte zu ihrer Familie und zu den anderen Bewohnern.
Zu ihrem äußeren Erscheinungsbild: Frau C. ist 169 cm groß, steht aufrecht und benötigt keine Gehhilfen. Frau C. benötigt eine Brille, aber nur zum Lesen. Sie mag insbesondere Geschichten, in denen Tiere „eine besondere Rolle spielen“.
Es besteht eine beidseitige Schwerhörigkeit, sie kann aber hören und sprechen, und wenn sie angesprochen wird, ist die Verständigung durch laute Ansprache möglich.
Frau C. kann sich selbstständig an- und ausziehen und trägt gerne Hosen.
Ihre Wäsche kann sie nicht mehr allein versorgen, deshalb versteckt und sammelt sie ihre Schmutzwäsche. Bei der Versorgung der Wäsche benötigt sie Unterstützung. Frau C. geht im Haus spazieren und findet ihr Zimmer allein. Sie hat einen ungestörten Tag- und Nachtrhythmus, sie steht um 06:30 Uhr auf und geht gegen 21:00 Uhr zu Bett. Sie hält keinen Mittagsschlaf und sieht gerne Sendungen im Fernsehen.
Frau C. ist zeitlich, örtlich und situativ nicht immer orientiert. Sie verliert im Gespräch schon einmal den Faden und versucht das dann zu überspielen. Der Wortschatz wird kleiner und die Sprache vereinfacht sich.
Es liegt eine ärztlich diagnostizierte Demenz vor. Im Alltag ist sie mobil, ihre Gemütsstimmung ist positiv und eine Interaktion gut möglich. Frau C. zeigt im Alltag großes Interesse an hauswirtschaftlichen Tätigkeiten und liebt Raumdekorationen über alles. Zudem ist sie sehr tierlieb. Sie bringt beispielsweise unseren beiden Kaninchen gerne Äpfel und hilft gerne bei der Säuberung des Hasenstalls.

1. Wählen Sie aufgrund der genannten Angaben ein geeignetes Angebot für eine Alltagsbegleitung von Frau C. aus.

____

____

____

2. Was möchten Sie mit dieser Alltagsbegleitung bei der Bewohnerin erreichen?

____

____

____

3. Was müssen Sie für diese Alltagsbegleitung vorbereiten? *(Bitte in Stichpunkten festhalten.)*

- ___
- ___
- ___
- ___
- ___
- ___

4. Wie gestalten Sie die Aufwärm- und Hinführungsphase? (Welche möglichen Gesprächsimpulse setzen Sie?)

- ___
- ___
- ___
- ___
- ___
- ___

5. Welches sind die einzelnen Handlungsschritte Ihrer Durchführungsphase? *(Bitte in Stichpunkten festhalten.)*

- ___
- ___
- ___
- ___
- ___
- ___
- ___
- ___

6. Wie lassen Sie das Angebot harmonisch ausklingen?

___

___

Lernfeld 4:
„Beziehungen in der sozialpädagogischen und sozialpflegerischen Arbeit gestalten“

1 Rollenerwartungen

1. Überlegen Sie, ob es sich bei den folgenden Beispielen jeweils um Muss-, Soll- oder Kann-Erwartungen handelt. Bitte kreuzen Sie entsprechend an.

2. Sprechen Sie in der Kleingruppe über die Ergebnisse Ihrer Überlegungen.

Beispiel	Muss-Erwartung	Soll-Erwartung	Kann-Erwartung
a) Die Sozialassistentin Monika hilft den Jugendlichen nach Dienstschluss, die Spülmaschine auszuräumen.			
b) Aufgrund zweier Krankheitsfälle im Team wird Jonas, der Heilerziehungspfleger, gebeten, an seinem freien Wochenende in der Wohnstätte zu arbeiten.			
c) Der Werkstattleiter bittet alle Mitarbeiter des sozialen Dienstes, an einer außerordentlichen Teamsitzung nach Dienstschluss teilzunehmen.			
d) Die Stationsleitung eines Krankenhauses bittet alle neuen Pflegekräfte darum, über die Untersuchungsergebnisse von Patienten nicht zu sprechen.			
e) Die Gruppenleiterin einer Kindertagesstätte empfiehlt der Praktikantin, sich mit der Konzeption der Einrichtung vertraut zu machen.			
f) Die Hausaufgabenhilfe im Jugendzentrum übt mit einigen Grundschülern nach der eigentlichen Hausaufgabenbetreuung noch für ein Diktat, das am nächsten Tag geschrieben wird.			
g) Die Sozialpädagogin, die sich in einer kirchlichen Einrichtung bewirbt, wird gebeten, ihren Taufschein nachzureichen.			

Beispiel	Muss-Erwartung	Soll-Erwartung	Kann-Erwartung
h) Die Mitarbeiterinnen einer heilpädagogischen Kindertagesstätte werden gebeten, am Wochenende im Wechsel die Betreuung eines Verkaufsstandes mit hauseigenen Plätzchen und Bastelartikeln auf der Dorfkirmes zu übernehmen.			
i) Die Lehrerin bietet für alle interessierten Schüler nach Schulschluss eine Theater-AG an.			

2 Gruppenentwicklungsphasen

Die Gruppenentwicklungsphasen werden im Folgenden am Beispiel einer Schulklasse dargestellt.

Orientierungsphase

Am ersten Tag des neuen Schuljahres treffen sich 25 Schüler und Schülerinnen, die gemeinsam in den nächsten zwei Jahren die Schule besuchen werden, in der neuen Klasse. Einige kennen sich bereits von den allgemeinbildenden Schulen. Es ist ganz ruhig in der Klasse und alle schauen gespannt und voller Erwartung auf den Klassenlehrer, der ihnen mitteilt, welche Fächer in diesem Bildungsgang unterrichtet werden und wie der Stundenplan für die nächste Zeit aussieht.
Der Klassenlehrer fragt die Schüler, ob sie die nächsten Tage zunächst als sogenannte „Einstiegstage“ nutzen möchten, damit sie ihre neue Schule und die Mitschüler besser kennenlernen. Diese Idee wird begeistert angenommen.
Sascha hat einige Fragen zu den Fahrtkosten. Während er spricht, schaut er unsicher seine Mitschüler an. Andere Schüler, die dem Klassenlehrer ebenfalls Fragen stellen, verhalten sich ähnlich. Als die Schüler die Klasse verlassen, kommt es zu einzelnen kurzen Gesprächen untereinander.

Machtkampfphase

Nach drei Schulwochen steht die Wahl des Klassensprechers und seiner Vertretung an. Sascha wird als erster möglicher Kandidat aufgestellt. Susanne findet das unmöglich, weil viel mehr junge Frauen als Männer diese Klasse besuchen und stellt sich selbst zur Wahl.
In der Klasse entsteht große Unruhe. Es kommt zu einem starken Wortgefecht darüber, ob es überhaupt möglich sei, sich selbst als Klassensprecher vorzuschlagen.
Einige Schülerinnen finden das ganz in Ordnung, während andere sich gar nicht äußern. Darüber ärgern sich drei Schülerinnen sehr und „machen die anderen an“, dass so keiner wüsste, was denn nun die Mehrheit wünsche. Der Klassenlehrer versucht vermittelnd einzugreifen, worauf die Schüler ihn sehr energisch darum bitten, sich aus diesem Klassenproblem herauszuhalten.
Der Klassenlehrer überlässt es den Schülern, das weitere Wahlverfahren eigenständig durchzuführen, bittet sie jedoch um zügige Abwicklung.
Nach mehr als einer halben Stunde ist Sascha zum Klassensprecher und Susanne zur Stellvertreterin gewählt.

Vertrautheits- und Intimitätsphase

Nach einem halben Jahr bereiten sich die Schüler gemeinsam auf ihre erste Praktikumsaufgabe vor. Je nach Einrichtungsart, in der sie ihr Praktikum absolvieren (zum Beispiel Kindertagesstätte und Wohnstätte für Menschen mit Behinderungen), werden in Kleingruppen Aufgaben vergeben. Jeder Einzelne trägt in seiner Gruppe etwas dazu

bei, sodass die Gruppe viele Informationen über die Arbeit in der gewählten Einrichtung erhält. An einigen Tagen treffen sich die Kleingruppen außerhalb der Schule, um an der Aufgabe weiterzuarbeiten. Auf diese Weise entstehen zwischen einigen Schülerinnen freundschaftliche Beziehungen.
Jeder weiß, was er zu tun hat und ist zufrieden. Von der entsprechenden Fachlehrerin, die sie während dieser Gruppenarbeit begleitet, erhalten sie Fachzeitschriften mit ergänzenden Informationen zu der gewählten Aufgabe.

Differenzierungsphase

Eineinhalb Jahre sind vergangen und die Schülerinnen bereiten sich auf ihre Abschlussprüfungen vor. Unterlagen werden ausgetauscht. Wenn jemand Hilfe benötigt, versuchen sich die Schüler gegenseitig zu unterstützen. Momentan hat jeder das Ziel, die Prüfung so gut wie möglich zu bestehen und es gibt keine Probleme untereinander. Wieder treffen sich Kleingruppen auch außerhalb der Schule, um sich gemeinsam auf die Prüfung vorzubereiten. Alle sind sehr mit ihren Aufgaben beschäftigt, sodass ernsthafte Spannungen ausbleiben. Einige Schülerinnen knüpfen erste Kontakte zu Schülern anderer Bildungsgänge, da sie sich nach dieser Ausbildung beruflich und schulisch weiterqualifizieren möchten. Fachlehrer informieren ebenfalls über weiterführende Ausbildungen.

Abschlussphase

Die Abschlussfeier nach der zweijährigen Ausbildung findet bald statt. In der Klasse werden Erinnerungen und Telefonnummern ausgetauscht und es wird beschlossen, dass sich die Klasse alle fünf Jahre zu einem Klassentreffen zusammenfindet. Einzelne knüpfen immer mehr Verbindungen zu Schülerinnen der weiterführenden Bildungsgänge. Auf der gemeinsamen Abschlussparty, zu welcher der Klassenlehrer alle zu sich nach Hause eingeladen hat, finden sich immer mehr Schülerinnen zu Gesprächen zusammen, die gemeinsam ein neues Ziel in Form einer weiteren Ausbildung in den Blick nehmen.

1. Lesen Sie die Ausführungen zu den einzelnen Gruppenphasen aufmerksam durch.

2. Halten Sie die wichtigsten Merkmale jeder einzelnen Phase stichwortartig in der Tabelle fest.

Gruppenphase	Merkmale
1. Orientierungsphase	
2. Machtkampfphase	
3. Vertrautheits- oder Intimitätsphase	

Gruppenphase	Merkmale
4. Differenzierungsphase	
5. Abschlussphase	

3 Gruppenleiterregeln

1. Finden Sie zu den einzelnen Gruppenphasen jeweils das **falsche** Gruppenleiterverhalten und kreuzen Sie es an.

2. Vervollständigen Sie dann den jeweils unten stehenden Satz mit einer kurzen Begründung.

Orientierungsphase

a) Die Mitarbeiter einer Jugendfreizeit stellen sich vor und verteilen Namensschilder an alle Gruppenmitglieder. ☐

b) Schwester Agathe, die Leiterin des Altenclubs, geht auf eine Dame im Rollstuhl zu. Aufgrund ihrer Behinderung traut sie sich nicht in den Vorstellungskreis. ☐

c) Die Leiterin der Kurheimgruppe fordert die fünf- bis sechsjährigen Kinder ihrer Gruppe auf, ein Kennenlernspiel mit ihr durchzuführen. Hierbei soll jeder in der Mitte eines Kreises eine Liedzeile singen, in der der eigene Name vorkommt. ☐

Bei ☐ *(bitte Buchstaben einsetzen)* handelt es sich um ein falsches Gruppenleiterverhalten, weil ______________

____

____

Machtkampfphase

a) Der Klassenlehrer weist die Schüler, die versuchen während des Unterrichtes zu frühstücken, klar und deutlich darauf hin, dass dies den Unterricht stört. ☐

b) Eine Jugendliche, die einen Tanzkurs im Jugendzentrum besucht, fragt die vollschlanke Gruppenleiterin: „Schwitzt man eigentlich sehr beim Tanzen, wenn man so fett ist wie du?“ Die Gruppenleiterin verbietet ihr, nochmals den Kurs zu besuchen, mit der Begründung, dass picklige Bohnenstangen auch nicht gerade eine Augenweide für die Zuschauer einer Tanzveranstaltung seien. ☐

c) In der Hortgruppe einer Kindertagesstätte versuchen die Jungen immer wieder ihre Positionen durch Prügeleien auf dem Außengelände festzulegen. Die Gruppenleiterin bietet ihnen an, einmal bis zweimal in der Woche Wettkampfspiele durchzuführen. ☐

Bei ☐ *(bitte Buchstaben einsetzen)* handelt es sich um ein falsches Gruppenleiterverhalten, weil ______________________

____

____

Vertrautheits- oder Intimitätsphase

a) Die Erzieherin schlägt den angehenden Schulkindern ihrer Gruppe zu einem Projekt unterschiedliche Angebote vor, an denen sie je nach Interesse teilnehmen können. ☐

b) Die beiden Gruppenleiter einer Jugendfreizeitgruppe, die sich seit einiger Zeit wöchentlich trifft, begrüßen die teilnehmenden Jugendlichen. Sie geben ihnen erstmalig in diesem Jahr Bastelmaterial zum Töpfern heraus und lassen die Gruppe selbstständig damit experimentieren. Während dieser Zeit gehen die Gruppenleiter für die bevorstehende Wochenendfreizeit einkaufen. ☐

c) Im Altenclub wird in Kleingruppen eifrig die bevorstehende Weihnachtsfeier vorbereitet. Bezüglich der Tischdekoration ist man sich noch nicht einig. Die betreuende Sozialpädagogin macht einige Vorschläge, indem sie der Gruppe Fotos von Feiern der vergangenen Jahre zeigt. ☐

Bei ☐ *(bitte Buchstaben einsetzen)* handelt es sich um ein falsches Gruppenleiterverhalten, weil ______________________

____

____

Differenzierungsphase

a) Die Jugendfreizeitgruppe bereitet sich auf die Aufführung ihres erprobten Theaterstücks vor. Der Gruppenleiter berichtet von einem Wettbewerb, an dem sich Theatergruppen der Stadt beteiligen können. Er bietet an, sich bei der Stadt näher über die geplante Veranstaltung zu erkundigen. ☐

b) Nach eineinhalb Jahren möchte die Schulklasse eine Klassenfahrt über mehrere Tage durchführen. Die Klassenlehrerin bespricht mit den Schülern die Rahmenbedingungen und überlässt ihnen die weitere Planung. ☐

c) In einem Wohnheim für Menschen mit Behinderungen gelingt es den Bewohnern nach einem Jahr gut, das Sonntagsessen selbstständig zuzubereiten. Jeder bringt sich dabei entsprechend seiner Fähigkeiten ein und kennt seine Aufgabe. Eine Gruppenleiterin sieht es als ihre Aufgabe an, darauf zu achten, dass sich niemand mit dem Messer verletzt. Wenn sie im Dienst ist, übernimmt sie das Kartoffelschälen für Theo, der für diese Aufgabe eingeteilt wurde. ☐

Bei ☐ *(bitte Buchstaben einsetzen)* handelt es sich um ein falsches Gruppenleiterverhalten, weil ______________________

____

____

Abschlussphase

a) Für den letzten Abend einer Zeltfreizeit für Jugendliche mietet die Gruppenleitung das nahe gelegene Vereinsheim an, damit die einzelnen Gruppen Arbeitsergebnisse unterschiedlicher Workshops präsentieren können.

b) Der Leiter eines Wochenendseminars setzt sich kurz vor der Abreise mit allen Teilnehmern in einen Kreis und versucht eine kurze Zusammenfassung des Seminars zu geben. Er verspricht den Teilneh- ☐

mern, die von allen gewünschte Telefonliste zu kopieren, da er dies in der Kürze der Zeit nicht mehr geschafft habe.

c) Alle angehenden Schulkinder einer Kindertagesstätte, die im nächsten Schuljahr die offene Ganztagsschule besuchen werden, gehen mit einer Erzieherin an einem Tag gemeinsam in die Schule, um ihre zukünftige Gruppe und die neue Gruppenleiterin kennenzulernen. ☐

Bei ☐ *(bitte Buchstaben einsetzen)* handelt es sich um ein falsches Gruppenleiterverhalten, weil ______________

____

____

____

____

4 Text zum Nachdenken: „Lillis Windpocken-Wunschpunkte"

„Lilli hat heute Geburtstag. Ganz zappelig vor Aufregung ist es in ihr drin. Aber als Lilli im schönsten Auspacken ist, runzelt Mama auf einmal ganz besorgt die Stirn und greift nach Lillis Arm. Auf dem Arm sind plötzlich lauter kleine Pünktchen, die schrecklich jucken. Und auf dem anderen Arm auch. ‚Was ist denn das?', fragt Lilli verwundert. ‚Du lieber Himmel, ich glaube, du hast die Windpocken', sagt Mama seufzend.

Und dann ruft Papa Lillis Kinderarzt an, und der Kinderarzt kommt und sagt das Gleiche. ‚Lilli, Windpocken sind sehr ansteckend', erklärt er dann. ‚Du darfst in den nächsten Tagen nicht mit anderen Kindern spielen.' Da schüttelt Lilli den Kopf.
‚Ich muss aber heute mit Kindern spielen', sagt sie stur. ‚Schließlich habe ich Geburtstag und alle meine Freunde eingeladen.'
Aber Mama erklärt vorsichtig: ‚Lilli, deine Geburtstagsfeier müssen wir wohl leider absagen.'
Und es nützt auch nichts, dass Lilli anfängt zu weinen. Lilli weint und weint und weint. Was für ein Geburtstag, wenn sie den ganzen Tag alleine sein muss?
‚Lilli, ich habe eine Idee', sagt ihr Bruder Tom plötzlich.
‚Wir zählen alle deine Windpocken, und für jede darfst du dir etwas Lustiges wünschen ...' Lilli denkt einen Augenblick über Toms Idee nach und hört endlich auf zu weinen. Zusammen mit Tom beginnt sie sorgfältig zu zählen.
‚64 Windpocken-Wünschpunkte', sagt Tom zum Schluss. Lilli kichert vergnügt. Und dann fängt sie an mit dem Windpocken-Wünschpunkte-Wünschen."

(Quelle: Frey, Jana, 2012, S. 54–55)

1. Finden Sie in Kleingruppen mindestens acht Spiel- und Gestaltungmöglichkeiten, die Sie Lilli für ihre Geburtstagsfeier anbieten können.

2. Erweitern Sie Ihre Spielkartei mit diesen Vorschlägen.

5 Hilfen bei der Übersiedlung in ein Altenpflegeheim

1. Im Folgenden sind einige Antworten vorgegeben auf die Frage „Was müssen sozialpädagogische und sozialpflegerische Fachkräfte tun, damit es einem neuen Bewohner möglichst schwerfällt, sich in den Heimalltag einzufinden?“. Finden Sie mindestens drei weitere Antworten.

- Vor der Aufnahme in ein Altenpflegeheim sollten Gespräche zwischen Heimmitarbeitern, Angehörigen und dem zukünftigen Bewohner vermieden werden.
- Die Übersiedlung von der häuslichen Umgebung in das Altenpflegeheim muss abrupt geschehen.
- Die Familie sollte dem älteren Angehörigen verdeutlichen, dass mit der Übersiedlung in ein Altenpflegeheim Beziehungen zu Freunden und Angehörigen beendet sind.

- ______________________________
- ______________________________
- ______________________________

2. Formulieren Sie nun in der Kleingruppe alle Aussagen aus Aufgabe 1 in hilfreiche Hinweise zur Integration eines neuen Bewohners um.

- ______________________________
- ______________________________
- ______________________________
- ______________________________
- ______________________________
- ______________________________

6 Begleitung einzelner oder einer Gruppe älterer Menschen in einigen typischen Alltagssituationen

Im Folgenden werden Hinweise zur Begleitung älterer Menschen in typischen Alltagssituationen (Essen reichen, Zeitung lesen, spazieren gehen) gegeben.

Entscheiden Sie jeweils, ob es sich um einen richtigen oder falschen Hinweis handelt, und begründen Sie kurz das Ergebnis Ihrer Überlegungen.

a) Bei sehr stark pflegebedürftigen Bewohnern sollte möglichst immer dieselbe Person das Essen reichen.

Dieser Hinweis ist richtig/falsch *(Zutreffendes bitte unterstreichen)*, weil ______________________________

____

____

____

b) Stellen Sie beim Zeitunglesen den Bewohnern auf jeden Fall alle Artikel aus den Bereichen Politik, Wirtschaft und Regionales vor.

Dieser Hinweis ist richtig/falsch *(Zutreffendes bitte unterstreichen)*, weil ______________________________

____

____

____

c) Regen Sie zu Gesprächen über Zeitungsinhalte an.

Dieser Hinweis ist richtig/falsch *(Zutreffendes bitte unterstreichen)*, weil ______________________________

____

____

____

d) Regen Sie ältere Menschen, die zeitweilig auf den Rollstuhl angewiesen sind, immer wieder an, kleinere Strecken zu laufen.

Dieser Hinweis ist richtig/falsch *(Zutreffendes bitte unterstreichen)*, weil ______________________________

____

____

____

7 Gedächtnistraining zum Thema „Farben“

1. Ergänzen Sie bitte folgende Sprichwörter und Redewendungen, indem Sie die gesuchten Farben in die Lücken einsetzen.

„Er erzählt ihr das ______ vom Himmel.“

„Wenn ich darüber nachdenke, sehe ich ______“

„______ ist die Hoffnung.“

„Sie sieht das alles durch eine ______ Brille“.

„______ vor Neid.“

2. Finden Sie zu den folgenden Buchstaben des Alphabets jeweils eine Farbe und notieren Sie diese. Möglich sind auch Zusammensetzungen wie beispielsweise „Nachtblau“ oder „Tannengrün“.

A ______ L ______

B ______ M ______

C ______ N ______

D ______ O ______

E ______ P ______

F ______ R ______

G ______ S ______

H ______ T ______

I ______ U ______

J ______ V ______

K ______ W ______

3. Stellen Sie das folgende Wort so um, dass neue Wörter entstehen. Es müssen nicht jedes Mal alle Buchstaben benutzt werden.

„Farbenspiel“: ______

______

______

______

______

______

4. Beantworten Sie die unten stehenden Rätselfragen.

a) Was einmal in ihnen verschwunden ist, das geben sie nicht mehr her: ______________________________

______________ gehören zu den seltsamsten Objekten im Universum.

b) Der leitende, verbindende Grundgedanke in einem Gespräch wird als ______________________________ bezeichnet.

c) Eine Augenkrankheit, die den Sehnerv beschädigt und zur Blindheit führen kann, wenn sie nicht richtig behandelt wird, nennt man ______________________________.

d) Das lang gestreckte Nebenmeer des Indischen Ozeans zwischen Afrika und Arabien, das durch den Suezkanal mit dem Mittelmeer verbunden ist, heißt ______________________________.

e) Wenn man etwas schriftlich hat, auf das man sich verlassen kann, so hat man es ____________________ ____________________.

f) Eine Krankheit, bei der die Haut, das Weiße im Auge und andere Gewebe eine bestimmte Farbe annehmen, nennt man ______________________________.

5. Füllen Sie die Lücken zwischen den Buchstaben so aus, dass neue Wörter entstehen. Dabei muss es sich nicht unbedingt um eine Farbe handeln.

S ______________________________ **B**

O ______________________________ **L**

N ______________________________ **E**

N ______________________________ **G**

E ______________________________ **N**

N ______________________________ **E**

G ______________________________ **N**

E ______________________________ **N**

L ______________________________ **O**

B ______________________________ **S**

6. Finden Sie neue Farbwörter, indem Sie mit dem jeweils letzten Buchstaben ein neues Wort bilden.

ROT – TÜRKIS – ______________________________

____

____

8 Feste und Feiern im Jahresverlauf

Ordnen Sie die folgenden Fest- und Feiertage den entsprechenden Spalten und Zeilen der Tabelle zu. Die angegebenen Zahlen in Klammern sind Buchstaben, die in der richtigen Reihenfolge geschrieben, das Lösungswort ergeben. Bei diesem Lösungswort handelt es sich um ein bekanntes Festsymbol. Benutzen Sie für dieses Rätsel bitte einen Bleistift, um gegebenenfalls korrigieren zu können.

Allerheiligen ▪ Dreikönigstag ▪ Einschulung ▪ Erntedank ▪ Fronleichnam ▪ Geburtstag ▪ Himmelfahrt ▪ Karfreitag ▪ Karneval ▪ Kommunion/Konfirmation ▪ Maifeiertag ▪ Martinstag ▪ Muttertag ▪ Neujahr ▪ Nikolaustag ▪ Ostern ▪ Palmsonntag ▪ Pfingsten ▪ Schulabschluss ▪ Silvester ▪ Tag der Deutschen Einheit ▪ Weihnachtsfest

Kirchliche Feste (werden im Januar beginnend im Jahresverlauf untereinandergeschrieben)	Gesellschaftliche Feste (werden im Januar beginnend im Jahresverlauf untereinandergeschrieben)	Persönliche Feste (werden mit der Geburt beginnend im Lebenslauf untereinandergeschrieben)
1 ______	1 ______ (1 = 3)	1 ______
2 ______	2 ______	2 ______ (3 = 4)
3 ______ (8 = 1)	3 ______	3 ______ /
4 ______	4 ______ (2 = 9)	______
5 ______	5 ______	4 ______ (7 = 7)
6 ______	______	
7 ______	6 ______ (5 = 5)	
8 ______ (7 = 2)		
9 ______ (1 = 8)		
10 ______ (1 = 10)		
11 ______ (1 = 6)		
12 ______		

Lösungswort:

1	2	3	4	5	6	7	8	9	10

9 Spielleiterverhalten bei der Begleitung eines Spielangebots für ältere Menschen

Wählen Sie die jeweils richtige Aussage und kreuzen Sie diese an.

1. A Die Spielleitung sollte selbst Freude an den ausgewählten Spielen haben.

   B Die Spielleitung sollte nur entsprechend der Bedürfnisse der älteren Menschen Spiele auswählen, auch wenn es sich um Spiele handelt, die sie selbst nicht mag.

2. A Zu Anfang einer Spielrunde sollte immer ein Spiel stehen, das die älteren Menschen noch nicht kennen.

   B Eine Spielrunde sollte immer mit einem bekannten Spiel beginnen.

3. A Ein kleiner, gemütlicher Raum bietet sich sehr gut für eine Spielrunde an.

   B Eine Spielrunde sollte in einem möglichst großen Raum durchgeführt werden.

4. A Die älteren Menschen sollten während des Spielens mit „Du" angeredet werden.

   B Die älteren Menschen sollten während des Spielens mit „Sie" angeredet werden.

5. A Bei vielen Spielen bietet es sich an, zunächst einen Probedurchlauf durchzuführen.

   B Eine ausführliche Spielerklärung hilft den Teilnehmern am besten, den Spielhergang zu verstehen.

6. A Die Spielleitung sollte bei den angebotenen Spielen eine Beobachterrolle einnehmen.

   B Die Spielleitung sollte nach Möglichkeit bei allen angebotenen Spielen mitspielen.

7. A Es hat sich bewährt, jede Spielrunde immer wieder anders zu gestalten.

   B Es hat sich bewährt, zu Beginn oder zum Ende einer Spielrunde etwas durchzuführen, das zum festen Bestandteil eines jeden folgenden Spielangebots werden kann.

10 Werktechnische Angebote für ältere Menschen

Aus den folgenden Silben sind sieben Begriffe zu bilden (ä = ae, ö = oe, ü = ue). Jeder gesuchte Begriff steht in Zusammenhang mit dem Gestaltungsangebot „Werken und Gestalten". Bei dem Lösungswort handelt es sich um eine beliebte Handarbeitstechnik.

AL ▪ BUE ▪ COL ▪ DEN ▪ DIG ▪ EN ▪ ERI ▪ GE ▪ GEL ▪ LAG ▪ LAUB ▪ LIE ▪ MALE ▪ MAT ▪ MODEL ▪ NA ▪ NIK ▪ PED ▪ REI ▪ REN ▪ ROHR ▪ SAE ▪ SEI ▪ TECH ▪ TUR ▪ WACHS

A. Mithilfe eines Bügeleisens und von Wachsmalkreide können auf einfache Weise eindrucksvolle Bilder oder Karten in der gesuchten Maltechnik entstehen.
B. Schnell können auch Ungeübte mit dieser Maltechnik schöne Tücher oder Bilder herstellen.
C. Gerade für die Kräftigung der Handmuskulatur und der Feinmotorik eignet sich diese Werktechnik. Mithilfe von Ton, Gips oder Salzteig entstehen Figuren, Masken und andere gegenständliche Motive.
D. Die Herstellung dieser Art von Papierbildern bietet sich für ältere Menschen an, die gern mithilfe der Verarbeitung verschiedener Papiersorten ihrer Fantasie freien Lauf lassen.
E. Für die Gestaltung von Körben und Untersetzern wird das gesuchte Material gerne verwendet. Viele ältere Menschen haben sich bereits in früheren Jahren mit diesem Material beschäftigt.
F. Gerade handwerklich begabte ältere Männer nutzen dieses Werkzeug gern, um Weihnachtsbaumanhänger oder Spielzeug für einen Basar herzustellen.
G. Die gesuchte Materialgruppe bietet sich insbesondere an, um Dekorationen passend zur jeweiligen Jahreszeit zu gestalten.

Lösungswort:

1	2	3	4	5	6	7

11 Musik mit älteren Menschen

Im Folgenden werden Hinweise zu dem musikalischen Angebot „Singen" gegeben. Ergänzen Sie die fehlenden Textstellen mithilfe der folgenden Begriffe:

Für A: Tageszeit ▪ Jahreszeit ▪ hauseigenen Mappe ▪ Stimmung ▪ bekannte ▪ Volkslieder ▪ alte Schlager ▪ musikalische Vorbildung

Für B: Wechselgesang ▪ mehrstimmiger Gesang ▪ Liedbegleitung durch Instrumente ▪ Kanon ▪ einstimmiger Gesang ▪ Bewegungslieder

A. Kriterien zur Liedauswahl und Vorbereitung einer Liederrunde

- Die Teilnehmer entscheiden mit, welche Lieder zu einem vorher ausgewählten Thema (zum Beispiel „Herbst") gesungen werden. Es werden vor allem ______________________ Lieder ausgewählt.
- Berücksichtigt werden bei der Liedauswahl ______________, ______________ und besondere Feste.
- Besonders geeignete Liedarten sind ______________, ______________ und religiöse Lieder, die vor allem in der Advents- und Weihnachtszeit ein unverzichtbares Liedgut darstellen.
- Lieder werden entsprechend der ______________________ der Gruppenmitglieder ausgewählt.
- Damit die Bewohner Liedtexte gut lesen können, werden diese in einer ______________________ gesammelt, die an jeden Bewohner in einer Liederrunde verteilt wird.
- Die Leiterin einer Liederrunde überlegt, wie sie die Liederrunde gestalten möchte. Hierbei spielt vor allem auch ihre ______________________ eine bedeutsame Rolle.

B. Beispiele für Gestaltungsmöglichkeiten

- ______________________: Jedes Gruppenmitglied singt die gleiche Melodie zur gleichen Zeit.
- ______________________: Es wird zum Beispiel eine Ober- und eine Unterstimme zur Melodie gesungen. Dieser Gesang verlangt sowohl von den Sängern wie auch von der Leitung musikalische Vorerfahrung.
- ______________________: Ein Teil der Gruppe oder ein Vorsänger singt beispielsweise die Strophen eines Liedes und die Restgruppe nur den Refrain.
- ______________________: Die Stimmen setzen nacheinander in festgelegten Abständen ein und die Liedmelodie wird mehrmals wiederholt.
- ______________________: Gesang und Körperbewegung werden miteinander kombiniert.
- ______________________: Die Leitung selbst oder auch begabte Bewohner begleiten den Gesang auf dem Klavier, der Gitarre, dem Akkordeon oder mithilfe von Rhythmusinstrumenten.

12 Die 10-Minuten-Aktivierung

Im Folgenden wurde jeweils ein falscher Gegenstand in den Aktivierungsbeutel gelegt. Finden Sie heraus, welcher es ist, und begründen Sie kurz Ihre Wahl (zum Beispiel: ... weil es das Material, aus dem der Gegenstand besteht, früher noch nicht gab).
Die Zahl in Klammern bezeichnet die Position des gesuchten Buchstabens für das Lösungswort, das von oben nach unten gelesen eine Form der Dichtkunst bezeichnet, die viele ältere Menschen mögen.

a) **Aktivierungsbeutel zum Thema: „Wolle und Garne“**
Baumwollgarn, Schafwolle, Twist, Stopfwolle, Perlongarn, Nähseide, Nähgarn, Stickgarn, Zwirn

________________ (1), weil ________________

____

b) **Aktivierungsbeutel zum Thema „Küchengeräte“**
Holzkochlöffel, Schöpfkelle, Kartoffelstampfer, Teigschaber, Schaumlöffel, Topflappen, Schneebesen, Nudelholz

________________ (2), weil ________________

____

c) **Aktivierungsbeutel zum Thema „Handwerksgeräte“**
Hammer, Zollstock, Kneifzange, Schraubenzieher, Handbohrer, Werkbank, Nagel, Schraube, Unterlegscheibe

________________ (2), weil ________________

____

d) **Aktivierungsbeutel zum Thema „Knöpfe“**
Druckknöpfe, Mangelknöpfe, Hirschhornknöpfe, Glasknöpfe, Hornknöpfe, Plastikknöpfe, Knebelknöpfe

________________ (4), weil ________________

____

e) **Aktivierungsbeutel zum Thema „Uhren“**
Wecker, Taschenuhr, Armbanduhr, Stoppuhr, Spieluhr

________________ (3), weil ________________

____

f) **Aktivierungsbeutel zum Thema „Tücher“**
Spitzentuch, Dreieckstuch, Stofftaschentuch, Kopftuch, Papiertaschentuch, Einstecktuch

________________ (5), weil ________________

____

Lösungswort:

13 Biografiearbeit

Ordnen Sie den genannten geschichtlichen Ereignissen die richtige Jahreszahl zu.

Jahreszahlen: 1914–1918 ▪ 1919–1933 ▪ 1929 ▪ 1933 ▪ 1939–1945 ▪ 1945 ▪ 1948 ▪ 1949–1963 ▪ 1953 ▪ 1961 ▪ ab 1967 ▪ 1969–1974 ▪ 1982 ▪ 1990 ▪ 1999

Umzug des Bundestags von Bonn nach Berlin	Währungsreform: Umstellung der Reichsmark auf Deutsche Mark	1. Weltkrieg
______	______	______
Helmut Kohl wird Bundeskanzler	Bedingungslose Kapitulation	Machtübernahme durch die NSDAP
______	______	______
Bau der Berliner Mauer	Willy Brandt amtiert als Bundeskanzler	Volks-/Arbeiteraufstand in der DDR am 17. Juni
______	______	______
Weimarer Republik	Konrad Adenauer amtiert als Bundeskanzler	Offizielle Wiedervereinigung beider deutscher Staaten
______	______	______
Studentenunruhen	2. Weltkrieg	Weltwirtschaftskrise
______	______	______

14 Beschäftigung bei Bettlägerigkeit

Gruppieren Sie die gesuchten Begriffe so um das vorgegebene Wort, dass Ihr individuelles Kreuzworträtsel entsteht. Es sind verschiedene Lösungswörter einsetzbar (ä = ae, ö = oe, ü = ue).
Vergleichen Sie Ihre Ergebnisse mit denen Ihrer Mitschülerinnen.

A. eine Übung innerhalb des Gedächtnistrainings, die sich für bettlägerige ältere Menschen nicht so gut eignet
B. ein Produkt, das bettlägerige ältere Menschen in Vorbereitung auf ein Fest oder eine Feier mitgestalten können
C. eine Spielform, die bettlägerigen älteren Menschen als Beschäftigung angeboten werden kann
D. ein mögliches Thema für eine 10-Minuten-Aktivierung als Beschäftigung bei Bettlägerigkeit
E. eine werktechnische Einzelarbeit, mit der sich ältere Menschen beschäftigen können, die im Bett liegen müssen
F. ein Hilfsmittel, das Betreuer älteren Menschen für die Beschäftigung bei Bettlägerigkeit anbieten

B
E
T
T
L
A
E
G
E
R
I
G
K
E
I
T

15 Mit Menschen mit Behinderungen spielen

1. Suchen Sie die drei **falschen** Aussagen und kreuzen Sie diese an.

a) Da Erwachsene mit Behinderungen in einigen Bereichen auf kindlichem Niveau stehen geblieben sind, sollte ihnen zur Befriedigung ihres Spieltriebs Kinderspielzeug angeboten werden. ☐

b) Spielleiter sollten sich bewusst machen, dass Mitspieler mit Behinderungen Beeinträchtigungen in verschiedenen Bereichen aufweisen. Das Wissen um diese Einschränkungen ist hilfreich, um während der Spieldurchführung entsprechend reagieren zu können. ☐

c) Das Spielziel sollte bei Gesellschaftsspielen, die mit einer Gruppe von Menschen mit Behinderungen gespielt werden, möglichst mithilfe von strategischem und taktischem Denken erreicht werden. ☐

d) Die Spielregeln eines Gesellschaftsspiels für Menschen mit Behinderungen sollten möglichst einfach und kurz erklärt werden. ☐

e) Durch ausführliche Erklärungen wird der Spielhergang am besten veranschaulicht. ☐

f) Spielleiter sollten den Mitspielern mitteilen, wann das Spiel beendet wird und was dann geschieht. So kann sich jeder Mitspieler auf das Spiel und die nachfolgenden Vorhaben einstellen. ☐

Domino

2. Wählen Sie aus den folgenden Gesellschaftsspielen die sieben Spiele heraus, die gut geeignet erscheinen, um sie mit einer kleinen Gruppe von Kindern oder Erwachsenen mit Behinderungen zu spielen. Schreiben Sie diese Spiele in alphabetischer Reihenfolge untereinander. Die Zahlen in Klammern verweisen auf den gesuchten Buchstaben des Lösungsworts. (Hierbei handelt es sich um ein weiteres Spiel, das sich gut für Menschen mit Behinderungen eignet.)

Gesellschaftsspiele: Bunte Ballone (*Farbzuordnungsspiel*) ▪ Café International ▪ Domino ▪ Farbquartett ▪ Formenquartett ▪ Kniffel ▪ Koffer packen ▪ Memory ▪ Monopoly ▪ Mühle ▪ Schach ▪ Tabu

1. ______________________________ (8)
2. ______________________________ (14)
3. ______________________________
4. ______________________________ (9)
5. ______________________________ (11)
6. ______________________________ (2)
7. ______________________________

Lösungswort:

16 Feste und Feiern mit Menschen mit Behinderungen

Finden Sie jeweils vier Vorschläge zu den unten aufgeführten Festen, die sich gut für die gemeinsame Festgestaltung mit Menschen mit Behinderungen anbieten. Die Begriffe sind waagerecht (auch von rechts nach links), senkrecht (auch von unten nach oben) und diagonal versteckt.

S	C	H	E	S	I	E	R	P	S	Z	D	E	I	A	K
A	H	Z	R	I	U	L	V	O	B	E	I	K	H	G	M
G	S	E	H	K	A	W	U	L	Z	G	J	V	E	E	L
E	D	W	O	K	K	O	V	O	E	G	Z	B	Z	S	N
T	C	D	W	D	O	B	I	N	F	I	U	F	L	C	E
R	F	U	N	D	U	S	E	A	A	R	E	R	N	H	K
A	S	C	T	V	S	T	R	I	T	L	B	D	E	E	N
E	C	H	G	D	T	H	T	S	I	A	I	B	E	N	I
N	H	B	W	F	M	C	T	E	B	N	O	T	E	K	R
K	A	A	R	E	O	A	E	T	N	D	L	L	T	I	T
E	D	O	E	T	G	N	S	G	E	E	F	I	G	U	E
S	F	V	T	S	E	T	H	K	A	N	D	T	N	N	E
T	E	B	L	A	L	S	U	K	E	R	Z	E	N	M	F
A	D	I	I	E	F	A	N	E	B	N	G	B	U	T	F
N	E	N	G	D	E	F	C	D	N	D	V	U	N	G	A
D	B	N	F	G	M	U	A	B	R	E	T	T	E	L	K

Karnevalsfeier	Sommerfest	Geburtstagsfeier

17 Märchen für Kinder mit Behinderungen

Für Illustrationen zu Texten in Leichter Sprache gelten folgende Kriterien:

- einfache, klare Linien, keine Mehrfachstriche, kein Stricheln
- wenige Details
- keine Überlagerungen, freigestellte Figuren
- klare Hell-Dunkel- und Farb-Kontraste
- keine krisseligen, krausen Strukturen
- einfache Perspektive
- wenig Hintergrund, nur dort wo nötig

1. Betrachten Sie das Märchenbild genau.

2. Begründen Sie mithilfe der oben genannten Kriterien, ob sich dieses Bild als Illustration zu einem Märchentext in Leichter Sprache eignet oder nicht.

18 Darstellendes Spiel für Menschen mit Behinderungen

Ordnen Sie die folgenden Voraussetzungen den Spielformen „Schwarzlichttheater“ und „Menschenschattenspiel“ entsprechend zu. (Eine der Voraussetzungen gilt für beide Spielformen.)

1. Als Beleuchtungsquelle wird eine Röhre oder Lampe mit ultraviolettem Licht eingesetzt.
2. Als Beleuchtungsquelle empfiehlt sich beispielsweise ein Overheadprojektor.
3. Es hat sich bewährt, mit behinderten Menschen kleine Szenen aus der eigenen Erfahrungs- und Erlebniswelt nachzuspielen.
4. Geeignete Themen für diese Spielform sind zum Beispiel Spuk- und Zaubergeschichten mit Gespenstern, Hexen, Zauberern und Feen.
5. Die Schauspieler sind überwiegend schwarz gekleidet.
6. Die Schauspieler zeigen sich möglichst im Profil.
7. Es ist wichtig, dass die Bühne mit einer schwarzen Rückwand ausgestattet ist.
8. Es wird eine Projektionsfläche in einer optimalen Größe von 2 m Höhe und 4 m Breite benötigt.
9. Der Raum sollte abgedunkelt sein.
10. Besonders empfehlenswert sind als Kulissen: farbige Folien, Dias, schwarze Pappkulissen.
11. Als Kulissen eignen sich Objekte, die im UV-Licht reflektieren.

	Schwarzlichttheater	Menschenschattenspiel
Raum		
Bühne		
Akteure		
Licht		
Kulisse		
Thema		

19 Verbale und nonverbale Kommunikation

Mithilfe unterschiedlicher Gesten können verbale Äußerungen oftmals viel besser verstanden werden. Einige Aufforderungen oder auch emotionale Zustände lassen sich manches Mal nonverbal besser ausdrücken als mit Worten.

Finden Sie zu jeder der folgenden verbalen Aussage in der linken Spalte eine angemessene nonverbale Ausdrucksweise, die diese Äußerung unterstreichen oder sogar ersetzen kann.

Verbal	Nonverbal
a) „Bitte sei doch etwas leiser, die Kinder schlafen schon!“	
b) „Sie müssen Ihre Bastelmaterialien langsam einräumen, in einigen Minuten wird es Mittagessen geben.“	
c) „Die Ausführungen zu diesem Thema finde ich interessant und spannend.“	
d) „Können Sie vielleicht etwas lauter sprechen? So kann ich Sie nur sehr schlecht verstehen.“	
e) „Da fragen Sie lieber noch einmal Herrn K., ich bin erst kurze Zeit hier und kenne mich noch nicht so gut aus.“	
f) „Dieses Thema haben wir schon so oft angeschnitten, da möchte ich beim besten Willen nichts mehr zu sagen.“	
g) „Dies ist meine feste Meinung zu diesem Thema und ich bin nach wie vor davon überzeugt, dass dies genau der richtige Weg sein wird.“	
h) „Es ist verständlich, dass du mir das alles erzählen möchtest, aber ich möchte das Private ungern mit dem Beruflichen so stark vermischen. Es wäre nett, wenn du dir zukünftig für diese Themen einen Gesprächspartner in deinem Alter suchen könntest.“	
i) „Da kannst du jetzt sagen, was du willst, ich möchte das nicht hören.“	
j) „Diesen Äußerungen kann ich nur zustimmen.“	
k) „Kommst du bitte einmal her, damit ich nicht so laut sprechen muss.“	
l) „Darf ich Sie bei Ihrem Spaziergang durch den Park unseres Heimes begleiten?“	

20 Die Ausdrucksweise des Gesichts

Welcher Gefühlszustand lässt sich aus jedem der abgebildeten Gesichter erkennen? Benennen Sie den jeweiligen Gefühlszustand und ergänzen Sie die nonverbalen Ausdrucksweisen mit möglichen verbalen Bemerkungen, die Sie in die entsprechende Sprechblase schreiben.

21 Grundsätze der Kommunikation

Beispiel Der Altenpfleger Herbert freut sich auf sein langes Wochenende. Das hat er sich nach dieser anstrengenden Woche auch redlich verdient. So richtig zufrieden wirkt er jedoch nicht, als er am Freitagnachmittag das Seniorenstift verlässt. Auf die Nachfrage eines Kollegen äußert Herbert, dass er noch einiges am Wochenende emotional aufzuarbeiten habe, da er in dieser Woche einigen Menschen durch seine Worte und Taten wohl ziemlich „auf den Schlips getreten" sei.
Der Kollege möchte das genauer erfahren und Herbert berichtet von den Störungen, die im Umgang mit Bewohnern und Mitarbeitern innerhalb der Woche aufgetreten sind.

Versuchen Sie die Ursachen für die aufgetretenen Störungen zu erfassen, indem Sie Herbert mit dem Grundsatz der Kommunikation konfrontieren, der der jeweils beschriebenen Situation entspricht.

Situation 1 (Montag)

Beispiel Herbert ist auf dem Weg in das Büro seines Vorgesetzten, um ihn darum zu bitten, ihn von der nächsten Dienstag stattfindenden Teamsitzung zu befreien, weil seine Tochter ihren Geburtstag feiert.
Noch ganz in diesen Gedanken vertieft, übersieht er die Bewohnerin Frau Vogt, mit der er im Allgemeinen sehr gut auskommt. Am Abend wundert er sich darüber, dass Frau Vogt ihm sein Verhalten wohl reichlich übel genommen hat und nun ebenfalls das Gespräch mit ihm meidet.

Das Wissen um folgenden Grundsatz der Kommunikation hilft Herbert, die Kommunikationsstörung zu erfassen.
(Schreiben Sie den passenden Grundsatz auf und begründen Sie damit kurz die aufgetretene Störung.)

____

____

____

Situation 2 (Dienstag)

Beispiel Herbert begleitet Herrn Groß zu seinem wöchentlich stattfindenden Krankengymnastiktermin. Wie schon öfter gibt es auf dem Weg dorthin ein unerfreuliches Wortgefecht. Schließlich sagt Herbert zu Herrn Groß: „Wenn Sie nicht immerzu herumnörgeln würden, könnte ich mich mit Ihnen eigentlich gut einmal über unser gemeinsames Hobby, die Musik, unterhalten, aber Sie nutzen unsere gemeinsame Fahrtzeit ja nur, um Ihrem ganzen Ärger über die Woche einmal Luft zu machen." Herr Groß erwidert darauf: „Wenn Sie auch nur einmal auf meine berechtigte Kritik eingehen würden, könnten wir gerne über interessantere Themen, wie beispielsweise die Musik, sprechen."

Das Wissen um folgenden Grundsatz der Kommunikation hilft Herbert, die Kommunikationsstörung zu erfassen.
(Schreiben Sie den passenden Grundsatz auf und begründen Sie damit kurz die aufgetretene Störung.)

____

____

____

Situation 3 (Mittwoch)

Beispiel

Herbert geht am nächsten Tag zu Herrn Groß, lächelt ihn etwas gequält an und sagt: „Da bin ich schon wieder und ich freue mich, mit Ihnen spazieren gehen zu können, da Herr Bauer heute das Bett hüten muss." Herr Groß weigert sich, mit Herbert spazieren zu gehen.

Das Wissen um folgenden Grundsatz der Kommunikation hilft Herbert, die Kommunikationsstörung zu erfassen. *(Schreiben Sie den passenden Grundsatz auf und begründen Sie damit kurz die aufgetretene Störung.)*

____

____

____

Situation 4 (Donnerstag)

Beispiel

Herbert hat am Nachmittag etwas Zeit, um mit Frau Klein, einer 80-jährigen ehemaligen Kindergartenleiterin, und vier weiteren Damen einige Gedächtnistrainingsübungen durchzuführen. Frau Klein versucht, jede gerade erläuterte Spielregel zu ändern, weil sie der Meinung ist, ihre Version würde dann von allen besser verstanden. Herbert platzt irgendwann der Kragen und er sagt deutlich: „Dann übernehmen Sie doch die Spielleitung, Frau Klein, wenn Sie meinen, ich könne nicht richtig einschätzen, welche Spielregel am geeignetsten für diese Gruppe ist."

Das Wissen um folgenden Grundsatz der Kommunikation hilft Herbert, die Kommunikationsstörung zu erfassen. *(Schreiben Sie den passenden Grundsatz auf und begründen Sie damit kurz die aufgetretene Störung.)*

____

____

____

Situation 5 (Freitag)

Beispiel

Herbert nimmt zum ersten Mal an der Werkstunde teil und schaut sich die fertiggestellten Werke der einzelnen Bewohnerinnen an. Frau Hein, eine bastelbegeisterte ältere Dame, zeigt ihre Transparentsterne, die auf dem Weihnachtsbasar verkauft werden sollen. Herbert, der Frau Hein bisher nur als eine Dame kennengelernt hat, die im Alltag auf Hilfe angewiesen ist, sagt zu ihr: „Da ist aber ziemlich viel Klebstoff danebengelaufen." Frau Hein wirft die Sterne in den Papierkorb und sagt: „Dann komme ich eben nicht mehr zur Werkstunde."

Das Wissen um folgenden Grundsatz der Kommunikation hilft Herbert, die Kommunikationsstörung zu erfassen. *(Schreiben Sie den passenden Grundsatz auf und begründen Sie damit kurz die aufgetretene Störung.)*

____

____

____

22 Die vier Seiten einer Nachricht

Die Wohnbereichsleiterin einer Wohnstätte für erwachsene Menschen mit Behinderungen sagt zu der Acht-Wochen-Praktikantin Simone: „Die Küche ist so schmutzig wie schon lange nicht mehr."

1. Notieren Sie die vier Seiten der Nachricht für die Äußerung der Wohnbereichsleiterin. Nutzen Sie hierzu die Sprechblasen.

2. Überlegen Sie, wie Simone diese Nachricht mit ihren „vier Ohren" aufnehmen könnte. Schreiben Sie die verschiedenen Möglichkeiten neben die entsprechenden Ohren.

23 Aktives Zuhören

1. Lesen Sie die folgenden Gesprächssituationen aufmerksam durch und überlegen Sie jeweils, durch welche Gesprächstechnik (aktives Zuhören, Spiegeln, einfache ermutigende Sätze) die pädagogische Fachkraft den Gesprächspartner zum Weiterreden ermutigt.

2. Begründen Sie kurz, warum die jeweilige Reaktion Ihrer Meinung nach angemessen beziehungsweise nicht so angemessen erscheint.

3. Wie hätten Sie in der entsprechenden Situation reagiert?

Situation 1

Mädchen, 15 Jahre, Mitglied einer Gruppe im Jugendzentrum: „Mein Bruder hat schon öfter einmal geklaut. Ich weiß das ganz genau. Wenn die anderen von ihren tollen Geschwistern erzählen, macht mich das immer ganz fertig." **Gruppenleiter:** „Möchtest du mich vielleicht in die Küche begleiten und ein wenig darüber reden? Ich bin gerade dabei, Vorbereitungen für das Kaffeetrinken zu treffen."

Die pädagogische Fachkraft wendet die Gesprächstechnik ______________________________ an.
Diese Reaktion halte ich für ☐ angemessen ☐ nicht so angemessen *(Zutreffendes bitte ankreuzen)*, weil …

____

____

____

____

Situation 2

Bewohner eines Altenpflegeheims: „Wenn Herr Klein noch einmal versucht, mich bei diesem Quizspiel zu verbessern, dann soll er mich kennenlernen, dieser Oberlehrertyp." **Sozialpädagogin:** „Sie sind ärgerlich darüber, dass Herr Klein versucht, sein Wissen bei jeder Gelegenheit anzubringen."

Die pädagogische Fachkraft wendet die Gesprächstechnik ______________________________ an.
Diese Reaktion halte ich für ☐ angemessen ☐ nicht so angemessen *(Zutreffendes bitte ankreuzen)*, weil …

____

____

____

____

Situation 3

Ein zehnjähriges Mädchen auf der Kinderstation eines Krankenhauses: „Mama und Papa haben mir heute den ersten Harry-Potter-Band geschenkt. Den werde ich sofort anfangen zu lesen." **Erzieherin:** „Du wirst sofort damit beginnen, das Buch, das dir deine Eltern mitgebracht haben, zu lesen."

Die pädagogische Fachkraft wendet die Gesprächstechnik ______________________________ an.
Diese Reaktion halte ich für ☐ angemessen ☐ nicht so angemessen *(Zutreffendes bitte ankreuzen)*, weil …

____

____

____

____

24 Feedback geben und annehmen

1. Notieren Sie, welches Gefühl die folgenden Verhaltensrückmeldungen jeweils bei dem Gesprächspartner auslösen können.

2. Welche jeweilige Feedbackregel sollte zukünftig beachtet werden, damit die Rückmeldung vom Empfänger besser angenommen werden kann?

Situation 1

Die Altenpflegerin Tanja ist heute sehr gereizt, weil Herr Frank, ein Bewohner, ständig versucht, sehr aufdringlich mit ihr zu flirten. Schließlich ist ihre Geduld zu Ende und sie bittet ihn recht energisch darum, mit diesen Spielchen aufzuhören. Eine Mitarbeiterin kommt zu ihr und sagt: „Du bist ja vielleicht eine empfindliche Person, das musst du aber wirklich etwas lockerer nehmen."

Gefühl: ______________________________

____

Feedbackregel, die zukünftig beachtet werden sollte: ______________________________

____

____

Situation 2

Während der Teestunde im Jugendzentrum sagt der Sozialarbeiter zu der Acht-Wochen-Praktikantin: „Übrigens fand ich es gut, dass Sie vor drei Wochen so spontan den Theater-Workshop übernommen haben."

Gefühl: ______________________________

____

Feedbackregel, die zukünftig beachtet werden sollte: ______________________________

____

____

Situation 3

Der Leiter einer Außenwohngruppe für erwachsene Menschen mit Behinderungen sagt zu einer Mitarbeiterin: „Ich muss Ihnen jetzt einmal etwas sagen, was niemand gerne hört, aber so geht es einfach nicht mehr weiter. Mir ist aufgefallen, dass wir jedes Mal, nachdem Sie eine halbe Stunde Ihren Dienst angetreten haben, alle Fenster öffnen müssen, weil die Luft so schlecht ist. Haben Sie zu Hause denn kein wirksames Deo?“

Gefühl: ______________________________

____

Feedbackregel, die zukünftig beachtet werden sollte: ______________________________

____

____

25 Ich-Botschaften

Im Folgenden wurde versucht, Du-Botschaften als wirksame Ich-Botschaften umzuformulieren.

1. Bestimmen Sie jeweils die drei Teile einer Ich-Botschaft (nicht akzeptiertes Verhalten, Gefühle beim Empfänger, Auswirkung des nicht akzeptierten Verhaltens), indem Sie diese mit unterschiedlichen Farben markieren oder unterstreichen.

2. Schauen Sie sich dann die jeweilige Umformulierung genau an und begründen Sie, warum es sich Ihrer Meinung nach um eine wirksame oder um eine nicht so gut annehmbare Mitteilung handelt.

   a) Der Altenpfleger sagt zu einem Bewohner: „Jetzt müssen Sie aber damit aufhören, zu klingeln. Ich bin nun schon dreimal in Ihrem Zimmer gewesen und alle Ihre Anliegen waren wirklich nicht so dringend, dass Sie nicht hätten warten können, bis die Nachtschwester kommt.“

   Ich-Botschaft: „Wenn ich ständig in Ihr Zimmer gerufen werde, werde ich nervös, weil ich meine Arbeit dann nicht mehr schaffe.“

   ____

   ____

   ____

b) Die ausgebildete Sozialassistentin sagt zu der Acht-Wochen-Praktikantin in einer Wohnstätte für erwachsene Menschen mit Behinderungen: „Jetzt reden Sie aber nicht so mit unseren Bewohnern, wie Sie es aus dem Kindergarten kennen. Sie müssen dann damit rechnen, dass Sie von ihnen auch nicht ernst genommen werden."

Ich-Botschaft: „Ich bin enttäuscht von Ihnen, weil Sie mit unseren Bewohnern immer reden wie mit kleinen Kindern. Sie müssen sich dann nicht wundern, wenn Sie von ihnen auch nicht ernst genommen werden."

____

____

____

c) Die Krankenschwester einer Kinderstation sagt zu ihrer Kollegin: „Jetzt stell dich aber mal nicht so an. Wenn du weiterhin hier arbeiten willst, musst du auch hin und wieder unangenehme Arbeiten übernehmen."

Ich-Botschaft: „Wenn du dich an den unangenehmen Arbeiten nicht beteiligst, fühle ich mich überfordert, weil ich dann ganz allein nur noch die Arbeiten erledigen muss, die keiner gerne machen möchte."

____

____

____

26 Gesprächsformen im sozialpädagogischen und sozialpflegerischen Alltag

In den folgenden Situationen wenden die pädagogischen Fachkräfte verschiedene Gesprächstechniken an.

Unterstreichen Sie die verschiedenen angewandten Gesprächstechniken mit unterschiedlichen Farben und benennen Sie diese (Gebrauch einfacher Sätze oder Wörter, die zum Weiterreden ermutigen, aktives Zuhören oder Spiegeln).

Situation 1: Gespräch in einem Altenpflegeheim

Bewohnerin: „Meine Tochter war schon seit über drei Wochen nicht mehr hier."
Pfleger: „So ...?"
Bewohnerin: „Und vor drei Monaten habe ich ihr noch die warmen, gestrickten Socken zu ihrem Geburtstag geschenkt. Wissen Sie, sie hatte schon als Kind immer so kalte Füße."
Pfleger: „Sie haben sich sehr viele Gedanken gemacht, welches das passende Geschenk für Ihre Tochter ist, und sind jetzt enttäuscht, dass Ihre Tochter im Moment nicht an Sie denkt."
Bewohnerin: „Besonders sonntags, wenn alle besucht werden, fehlt mir jemand zum Reden."
Pfleger: „Sie haben oft sonntags niemanden zum Reden, weil die meisten der anderen Bewohner von ihren Angehörigen besucht werden?"

Angewandte Gesprächstechniken:

____

____

____

Situation 2: Alltagsgespräch in einer Wohnstätte für erwachsene Menschen mit geistigen Behinderungen

Praktikant: „Hallo Theo, ich bin Timo, der neue Praktikant. Du hast aber einen schönen Vogel in deinem Käfig. Erzählst du mir mal, was du gerade machst?“

Theo: „Ich mache sauber, weil heute Samstag ist.“

Praktikant: „Aha ...“

Theo: „Ja, samstags bekommt Hansi immer seinen neuen Sand und manchmal muss ich auch noch mit Wasser sauber machen.“

Praktikant: „Jeden Samstag bekommt Hansi neuen Sand und hin und wieder musst du den Käfig auch zusätzlich feucht ausputzen?“

Theo: „Ja, das ist immer so viel Arbeit, weil man alles von unten holen muss und das ist so schwer zu tragen.“

Praktikant: „Du fühlst dich ziemlich überfordert, wenn du alles von unten holen und so schwer tragen musst?“

Angewandte Gesprächstechniken:

____

____

____

____

____

27 Distanzzonen

Wird die nötige Distanz gewahrt?

In den folgenden Beispielen sollten die Gesprächspartner einen der jeweiligen Kommunikationssituation angemessenen räumlichen Abstand einhalten.

1. Benennen Sie die jeweilige Distanzzone, innerhalb derer sich die Gesprächspartner bewegen.

2. Begründen Sie, warum der räumliche Abstand der Kommunikationssituation angemessen beziehungsweise unangemessen erscheint.

Situation 1

Die Erzieherin Karin nimmt ein dreijähriges Kind auf den Schoß, während sie mit diesem und zwei weiteren Kindern „Mensch ärgere dich nicht" spielt.

Die Gesprächspartner sind ca. ________________ cm voneinander entfernt. Es handelt sich hierbei um

die ________________________ Distanz.

Der räumliche Abstand erscheint mir ☐ angemessen ☐ unangemessen *(Zutreffendes bitte ankreuzen)*, weil … ____

____

____

____

Situation 2

Der Sozialassistent Dirk arbeitet in einer Wohnstätte für Menschen mit Behinderungen. Er umarmt den Bewohner Theo, der nach einem längeren Krankenhausaufenthalt wieder in die Wohngruppe zurückkehrt.

Die Gesprächspartner sind ca. ________________ cm voneinander entfernt. Es handelt sich hierbei um

die ________________________ Distanz.

Der räumliche Abstand erscheint mir ☐ angemessen ☐ unangemessen *(Zutreffendes bitte ankreuzen)*, weil … ____

____

____

Situation 3

Die Stationsschwester bittet alle haupt- und ehrenamtlichen Mitarbeiter des Altenpflegeheims in die Halle, um ihnen von einem Rednerpult aus die Planung einer neuen Außenanlage vorzustellen.

Die Gesprächspartner sind ca. ________________ cm voneinander entfernt. Es handelt sich hierbei um

die ________________________ Distanz.

Der räumliche Abstand erscheint mir ☐ angemessen ☐ unangemessen *(Zutreffendes bitte ankreuzen)*, weil … ____

____

____

Situation 4

Die Sechs-Wochen-Praktikantin setzt sich beim gemeinsamen Frühstück in der heilpädagogischen Kindertagesstätte neben die Gruppenleiterin, um ihr von dem gestrigen Streit mit ihrem Freund zu erzählen.

Die Gesprächspartner sind ca. ________________ cm voneinander entfernt. Es handelt sich hierbei um

die ________________________ Distanz.

Der räumliche Abstand erscheint mir ☐ angemessen ☐ unangemessen *(Zutreffendes bitte ankreuzen)*, weil … ____

____

____

Situation 5

Die Sozialpädagogin sucht ihren Chef in seinem Büro auf, setzt sich an den Empfangstisch, um mit ihm über ihren Beurlaubungsantrag zu sprechen.

Die Gesprächspartner sind ca. ________________ cm voneinander entfernt. Es handelt sich hierbei um

die ________________________ Distanz.

Der räumliche Abstand erscheint mir ☐ angemessen ☐ unangemessen *(Zutreffendes bitte ankreuzen)*, weil … ____

____

____

Situation 6

Der Werkstattleiter in einer Werkstatt für Menschen mit Behinderungen begrüßt die neue Praktikantin an ihrem ersten Tag mit herzlicher Umarmung. Sie besuchten früher gemeinsam dieselbe Kindergartengruppe.

Die Gesprächspartner sind ca. ________________ cm voneinander entfernt. Es handelt sich hierbei um

die ________________________ Distanz.

Der räumliche Abstand erscheint mir ☐ angemessen ☐ unangemessen *(Zutreffendes bitte ankreuzen)*, weil … ____

____

____

Lernfeld 5:
„Sozialpflegerische Handlungsprozesse systematisch planen, umsetzen, dokumentieren und evaluieren“

1 Pflegeprozess und Pflegedokumentation

Vervollständigen Sie den Lückentext mit folgenden Begriffen:

Bedürfnisse ▪ Berichterstattung ▪ durchgeführt ▪ ganzheitliche ▪ Geist ▪ Körper ▪ Pflegeprozess ▪ Rechtschreibung ▪ Seele ▪ situationsbezogen ▪ Strukturen ▪ Veränderungen ▪ verständlich ▪ wahrheitsgetreu

Der Mensch bildet eine Einheit aus ________________, ________________ und ________________.

Der ________________ beinhaltet eine individuelle und ________________ Pflege, die nach bestimmten Regelsystemen und ________________ geplant, ________________ und überprüft wird.

Der pflegebedürftige Mensch sollte individuell und ________________ versorgt werden. Dabei sollten seine alltäglichen ________________ berücksichtigt werden.

Bei der schriftlichen ________________ sind immer nur ________________ zu notieren. Es sollte beim Schreiben darauf geachtet werden, dass der Text ________________ und ________________ ist.

Auch Grammatik und ________________ sollten beachtet werden.

2 Strukturierte Informationssammlung (SIS)

1. Nennen Sie die sechs Themenfelder der SIS. Tragen Sie die Bezeichnungen in die linke Spalte der Tabelle ein.

2. Erklären Sie kurz anhand eines Fallbeispiels, worauf sich das jeweilige Themenfeld bezieht (Sie befragen beispielsweise ein älteres Familienmitglied). Schreiben Sie die Erläuterungen in die rechte Spalte der Tabelle.

Themenfeld SIS	Fallbeispiel
Themenfeld 1	
Themenfeld 2	
Themenfeld 3	
Themenfeld 4	
Themenfeld 5	
Themenfeld 6	

3 Unterstützung bei der Pflege von Menschen mit Behinderungen und Bewegungseinschränkungen

1. Beschreiben Sie Ihre Gedanken und Meinungen zu dem abgebildeten Foto.

2. Definieren Sie den Begriff „Behinderung“ und grenzen Sie ihn vom Begriff „Krankheit“ ab. Überlegen Sie in diesem Zusammenhang, wann man von einer „chronischen Erkrankung“ spricht.

a) **Definition „Behinderung“**

b) **Definition „Krankheit"**

____

____

____

____

4 Unterstützung bei der Säuglings- und Kleinkindpflege

Setzen Sie in den Lückentext die folgenden Begriffe ein:

23 °C ▪ Badethermometer ▪ Gesicht ▪ vormittags ▪ sicheren Badegriff ▪ 36 bis 37 °C ▪ abends ▪ vor den Mahlzeiten ▪ Windelbereich ▪ linke Hand ▪ Nacken

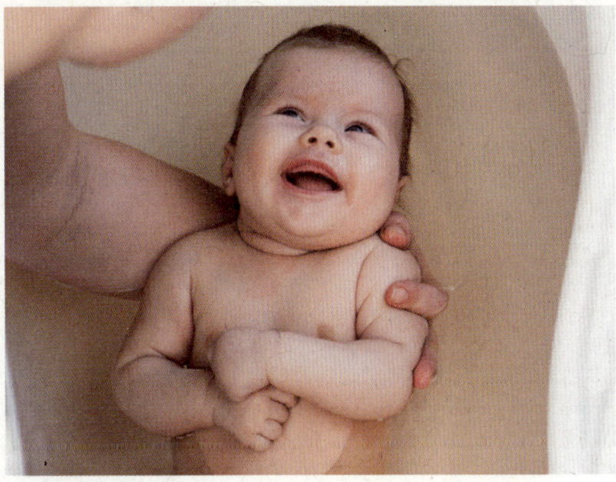

Sicherer Badegriff

Der Zeitpunkt des Badens sollte ____________ oder ____________, auf jeden Fall ____________ ____________ sein. Die Zimmertemperatur sollte ____________ betragen.

Bringen Sie alle Utensilien in die Griffnähe der Badewanne.

Dann die Wanne zur Hälfte mit Wasser füllen, die Wassertemperatur sollte ____________ betragen.

Mit einem ____________ überprüfen.

Reinigen Sie das ____________ und den ____________ vor dem Baden. Halten Sie dann das Baby in der Badewanne mit dem ____________ ____________.

Dabei greift man mit der ____________ ____________ unter dem ____________ hindurch und umfasst mit seiner Hand unter der Achselhöhle hindurch den Oberarm des Babys (Linkshänder seitenverkehrt ausführen).

5 Infektionskrankheiten bei älteren Menschen

1. Begründen Sie, weshalb Infektionskrankheiten insbesondere für ältere Menschen gefährlich sind.

____

____

2. Zeigen Sie Vorsorgemaßnahmen auf, die ältere Menschen treffen sollten, damit Infektionskrankheiten wie Pneumonie, Grippe, Legionellose und Salmonellose verhindert werden können.

- ____
- ____
- ____
- ____

3. Neben den zuvor genannten Infektionskrankheiten gibt es weitere, welche die Gesundheit stark beeinträchtigen oder zum Tod führen können. Listen Sie mindestens zwei Krankheiten mit Ursache, Erregern/Übertragungsweg, Symptomen und entsprechender Vorsorge auf. (Verwenden Sie hierfür entsprechende Literatur oder das Internet.)

Infektionskrankheit	Ursache	Erreger/ Übertragung	Symptome	Vorsorge
1. Gürtelrose (Herpes Zoster)				
2.				

6 Desinfektion und Handhygiene

Beschreiben Sie kurz die fünf Schritte bei der Durchführung der Händedesinfektion.

1. ______________________________

2. ______________________________

3. ______________________________

4. ______________________________

5. ______________________________

7 Unterstützung bei der Körperpflege: Pflegegrundsätze

Wenn Pflegemaßnahmen beim Patienten durchgeführt werden, geht es um die Einhaltung bestimmter Pflegegrundsätze. Dies sind:

1. Information und Motivation des Kranken vor Beginn der Pflegemaßnahme
2. Qualität der Durchführung
3. lückenlose und exakte Abfolge der Pflegeschritte
4. Verständnis für besondere Verhaltensweisen des Kranken (Empfindlichkeit, Ängstlichkeit, Scham)
5. taktvolle und liebevolle Zuwendung
6. Schutz der Person (Menschenwürde, Beachtung der Persönlichkeitsrechte)
7. äußere Gegebenheiten der Pflegesituationen (Raumtemperatur, Zugluft, Sichtschutz)

1. Stellen Sie Verstöße gegen Pflegegrundsätze in den folgenden Pflegesituationen fest. Schreiben Sie die Nummern der jeweiligen Grundsätze zu den entsprechenden Beispielen (Mehrfachnennungen möglich).

Beispiele	Verstoß gegen Grundsatz
Beispiel 1: Bei einem Pflegebedürftigen wird eine Ganzkörperreinigung durchgeführt. Ein Familienmitglied tritt unerwartet hinzu. Der Pflegebedürftige ist den Blicken des Eintretenden schutzlos ausgeliefert.	
Beispiel 2: Ein Pflegebedürftiger wird über den Flur in das Badezimmer geführt. Ein Fenster in der Nähe steht offen.	
Beispiel 3: Die Pflegeperson nimmt ohne Erklärung täglich am Abend die Zahnprothese aus dem Mund des Bettlägerigen und legt diese in einen Becher.	
Beispiel 4: Die Pflegeperson tritt unvermittelt an das Bett des Pflegebedürftigen und beginnt, ohne die Hilfsmittel bereitgelegt zu haben, mit der Durchführung der Haarwäsche.	
Beispiel 5: Der Pflegebedürftige wird auf den Rand der Badewanne gesetzt und klammert sich ängstlich an den Oberarm der Pflegeperson. Diese weist ihn ärgerlich zurecht.	
Beispiel 6: Nach dem Baden wird die Pflegebedürftige abgetrocknet, einige Körperfalten und die Achselhöhlen bleiben feucht.	
Beispiel 7: Bei der Körperwaschung im Bett entfernt die Pflegeperson mehr als notwendig die Bettdecke und lässt den Pflegebedürftigen beim Waschen nackt liegen.	
Beispiel 8: Eine Pflegbedürftige weigert sich, Besucher zu empfangen. Die Pflegeperson führt den Besucher dennoch in ihr Krankenzimmer.	

2. Machen Sie Vorschläge zu den einzelnen Beispielen, wie sich die Pflegeperson in den einzelnen Situationen gemäß der vorgegebenen Pflegegrundsätze verhalten sollte.

Beispiel 1: ______________________________

____

Beispiel 2: ______________________________

____

Beispiel 3: ______________________________

____

Beispiel 4: ______________________________

____

Beispiel 5: ______________________________

____

Beispiel 6: ______________________________

____

Beispiel 7: ______________________________

____

Beispiel 8: ______________________________

____

8 Betten und Lagern

Beispiel

Frau Meyer hat sich den Arm gebrochen und ist in das Krankenhaus eingeliefert worden. Beim Trinken eines mitgebrachten Getränks hat sie, bedingt durch ihre eingeschränkte Beweglichkeit, Saft verschüttet und dadurch ihr Nachthemd sowie das Stecklaken beschmutzt.

1. Beschreiben Sie ausführlich die Pflegemaßnahmen, die Sie bei Frau Meyer durchführen würden.

____

____

____

____

____

____

2. Entwickeln Sie selbst kurze Situationen mit pflegebedürftigen Menschen jeden Alters wie im oben beschriebenen Beispiel. Tauschen Sie die Situationen mit Ihren Mitschülerinnen aus und erläutern Sie die durchzuführenden Maßnahmen.

9 Unterstützung beim Toilettengang

1. Nennen Sie Personengruppen, die auf die Unterstützung beim Toilettengang angewiesen sein können.

-
-
-
-
-

2. Geben Sie technische Hilfen zur Unterstützung des Toilettengangs an.

-
-
-
-
-

3. Inkontinenz betrifft nicht nur ältere pflegebedürftige Personen.
Benennen Sie die Formen der Harninkontinenz anhand der genannten Ursachen/Symptome.

Formen der Harninkontinenz	Ursachen/Symptome
a)	Verbindung zwischen Gehirn und Rückenmarksnerv gestört
b)	starker zwanghafter Harndrang
c)	„Blase läuft über“
d)	ständiger Urinverlust
e)	beim Niesen verliert der Betroffene Harn

4. Listen Sie verschiedene Therapien und Hilfsmittel auf.

- __________
- __________
- __________
- __________
- __________
- __________
- __________
- __________

10 Hilfestellung bei der Nahrungsaufnahme

1. Erläutern Sie die Grundregeln, die Sie bei der Verabreichung von Nahrungsmitteln beachten müssen.

2. Zählen Sie Ihnen bekannte Beispiele für Trink- und Esshilfen auf.

a) **Trinkhilfen:**

- ____________________
- ____________________
- ____________________

b) **Esshilfen:**

- ____________________
- ____________________
- ____________________

3. „Das Auge isst immer mit.“ Neben der Auswahl der Speisen spielen auch die Anordnung, die farbliche Zusammensetzung und die Darbietung der Speisen eine wesentliche Rolle.
Machen Sie Vorschläge für ein Abendbrot für eine Person, die wenig Appetit und zudem Kauprobleme hat.

- ____________________
- ____________________
- ____________________
- ____________________
- ____________________
- ____________________
- ____________________

11 Erste Hilfe

1. Vervollständigen Sie die Rettungskette.

2. Zählen Sie die fünf „W“ beim Notruf auf.

W ____________________

W ____________________

W ____________________

W ____________________

W ____________________

3. Ermitteln Sie die notwendigen Maßnahmen bei einem Schock des Verletzten. Nennen Sie mindestens drei Maßnahmen.

____

____

____

____

____

____

____

____

____

4. Setzen Sie die folgenden Begriffe in den Lückentext ein:

stabile Seitenlage ▪ Atemstillstand ▪ beatmet ▪ Puls ▪ Atemwege ▪ Atmung ▪ bewusstlos ▪ Überstreckung des Halses ▪ Erstickungsgefahr

Ist ein Verunfallter ____________ oder droht bewusstlos zu werden, wird er in die ____________ ____________ gebracht. ____________ und ____________ müssen vorhanden sein. Ziel ist die ____________ ____________ ____________ und damit die Freihaltung der ____________, um eine ____________ zu vermeiden.

Sollte ein ____________ eintreten, muss sofort ____________ werden.

Lernfeld 6: „Pflegekonzepte als Grundlage der pflegerischen Tätigkeit anwenden“

1 Das AEDL-Pflegemodell nach Monika Krohwinkel

1. Setzen Sie sich mit dem Pflegemodell AEDL nach Monika Krohwinkel auseinander und ermitteln Sie die Ziele diese Pflegemodells.

2. Gestalten Sie zu dem Pflegemodell AEDL ein Schaubild. Tragen Sie die 13 Bedürfnisse ein und finden Sie dazu passende Symbole (siehe Beispiel „kommunizieren“).

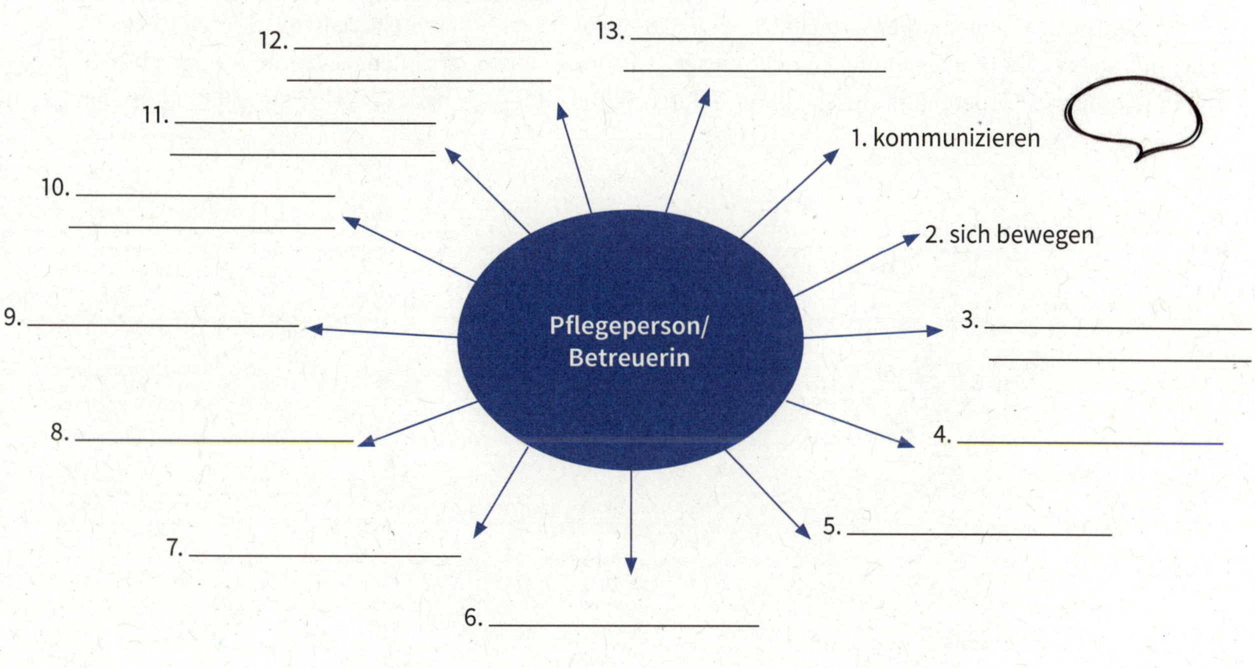

3. Bei dem Bedürfnis „Essen und Trinken" geht es unter anderem um Nahrungsaufnahme, Flüssigkeitszufuhr und Essgewohnheiten. Zeigen Sie mögliche Probleme auf, die beim Essen und Trinken bei Pflegebedürftigen auftreten könnten.

- ______
- ______
- ______
- ______
- ______

2 Konzepte und Methoden zum Umgang mit demenzerkrankten Menschen

Die folgenden Begriffe, Namen usw. stehen in enger Verbindung mit den Konzepten und Methoden zum Umgang mit demenzerkrankten Menschen. Ordnen Sie diese in der Tabelle entsprechend zu. Zu jedem Konzept werden jeweils fünf Begriffe gesucht.

Begriffe: Aktivierungsbeutel ▪ Andreas D. Fröhlich ▪ Anleitungsbogen ▪ Arbeit mit Gegenständen, die in der Vergangenheit für die Bewohner bedeutsam waren ▪ atemstimulierendes Einreiben ▪ Auswahl von Themen wie beispielsweise Kindheit, Schule, Heirat oder Berufsleben ▪ Bewohner fühlen sich in der Einrichtung zu Hause ▪ Effektprojektoren ▪ Einsatz von Vibrationsgeräten (z. B. Massagegeräte) ▪ Elternhaus-Methode ▪ Entspannungsraum, der die Reizflut des normalen Alltags vergessen lässt ▪ farblich unterschiedliche Gestaltung der einzelnen Etagen ▪ Gefühle des demenzerkrankten Menschen werden verbalisiert ▪ gemütliche Sitz- und Liegeflächen ▪ große Kalender mit Sprüchen ▪ große Uhren ▪ „Gute Stube" ▪ Hinweisschilder ▪ Interesse an der Lebensgeschichte der Bewohner ▪ IVA ▪ Kenntnisse über Lebensdaten der Bewohner ▪ klare Tages- und Wochenstruktur ▪ körperaktivierende Übungen mit bestimmten Gegenständen als Bestandteil der Einheit ▪ Namensschilder und ein Aushang mit Fotos von allen Betreuern ▪ Naomi Feil ▪ Nicole Richard ▪ Orientierung an den Bedürfnissen des an Demenz erkrankten Bewohners und nicht am Arbeitsablauf der Fachkräfte ▪ ruhige Musik ▪ Tastbrett ▪ unbedingte Wertschätzung, Annahme und Akzeptanz von verwirrten älteren Menschen ▪ Ute Schmidt-Hackenberg ▪ vertraute Einrichtungsgegenstände ▪ Wassersäulen ▪ Wiedererlangen beziehungsweise Erhaltung des Körpergefühls beispielsweise durch Schaukelbewegungen ▪ Zeitleiste mit historischen Daten

Realitätsorientierungstraining (ROT)
1.
2.
3.
4.
5.
Validation
1.
2.
3.
4.
5.
Biografiearbeit
1.
2.
3.
4.
5.
10-Minuten-Aktivierung
1.
2.
3.
4.
5.
Milieutherapie
1.
2.
3.
4.
5.

Snoezelen
1. ______
2. ______
3. ______
4. ______
5. ______
Basale Stimulation
1. ______
2. ______
3. ______
4. ______
5. ______

Hinweis

Verwenden Sie diese Begriffe zur Erarbeitung eines Referats oder einer Präsentation zu einem bestimmten Konzept/einer Methode zum Umgang mit demenzerkrankten Menschen.

Lernfeld 7:
„Kompetenzen, Ressourcen und Potenziale erkennen und fördern“

1 Die Begriffe „Gesundheit“ und „Krankheit“

1. Die Gesundheit wird durch verschiedene Faktoren auf unterschiedlichen Ebenen beeinflusst.

a) Benennen Sie einzelne Faktoren, die die Gesundheit bestimmen.

- ______________________
- ______________________
- ______________________
- ______________________
- ______________________
- ______________________
- ______________________
- ______________________

b) Bestimmen Sie Faktoren, die nicht durch uns beeinflusst werden können.

- ______________________
- ______________________
- ______________________
- ______________________
- ______________________
- ______________________
- ______________________

2. Formulieren Sie Gesundheitsthemen, die Sie besonders interessieren. Beschreiben Sie mögliche gesunderhaltende Maßnahmen zur Umsetzung im Alltag.

Erstellen Sie dazu eine Mindmap.

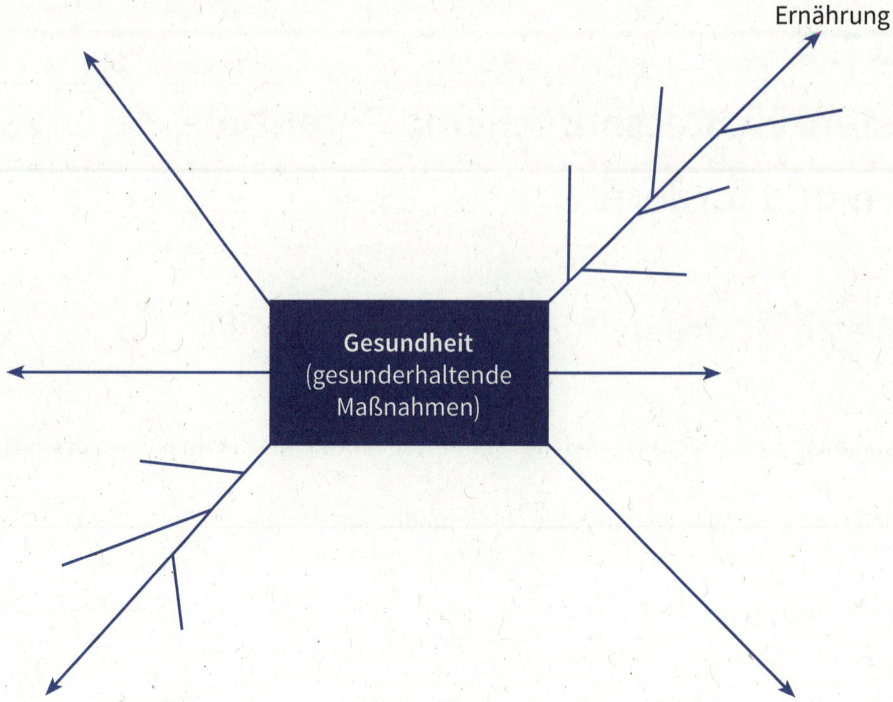

3. Benennen Sie die Kriterien zur Einteilung des Begriffes „Krankheit".

- ________________________________
- ________________________________
- ________________________________
- ________________________________

4. Lösen Sie das Rätsel und ermitteln Sie das senkrechte Lösungswort.

1. Begriff der Überempfindlichkeit des Körpers gegen einen oder mehrere Stoffe
2. Nachname des berühmten Priesters, welcher die Heilverfahren Wassertreten oder Güsse zur Vorbeugung und Behandlung einsetzte
3. Neben dem körperlichen und seelischen Wohlbefinden trägt auch das intakte ______ ______ zum Wohlbefinden bei.
4. Dünne Nadeln werden an Nervenpunkten eingestochen, das Verfahren dient der Schmerzbehandlung.
5. Aufnahme von Nährstoffen, die ein Organismus braucht
6. Der Fachbegriff für das Wundliegen lautet ________
7. Körperfett, welches für die Gesundheit negative Folgen wie Herzinfarkt oder Diabetes haben kann
8. sehr gesundes Lebensmittel (Obst), welches möglichst jeden Tag gegessen werden soll
9. Wer sich erfolgreich gegen Krankheiten behaupten kann, besitzt eine ______
10. Übungen zur Dehnung der Muskeln und Bänder

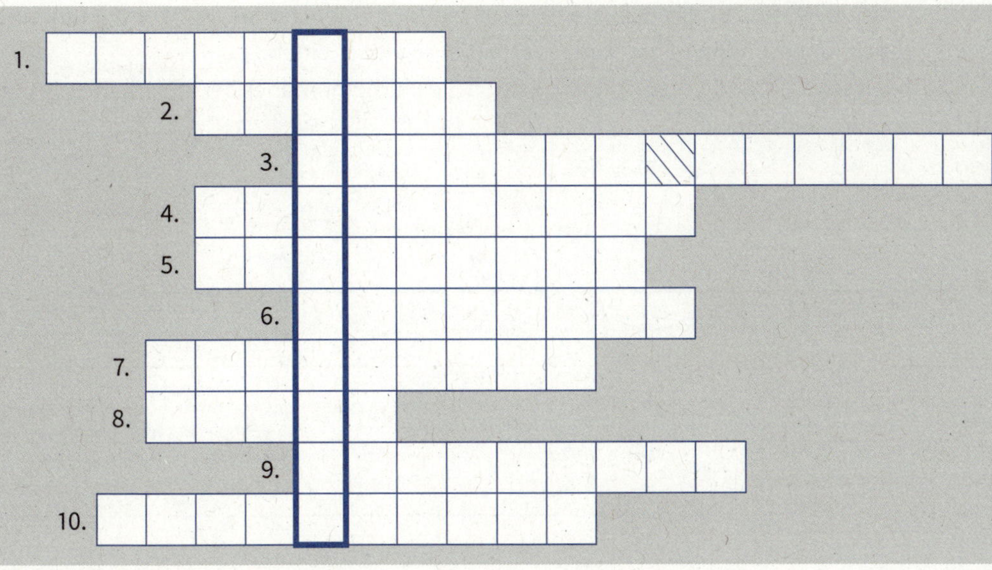

2 Das Modell der Salutogenese nach Aaron Antonovsky

1. Geben Sie die Vorbetrachtungen an, die zum Modell der Salutogenese von Aaron Antonovsky führten.

- ______________________________
- ______________________________
- ______________________________

2. Erläutern Sie den Begriff „Kohärenzgefühl“.

____

____

____

3. Nennen Sie die drei Bausteine, aus denen sich das Kohärenzgefühl zusammensetzt.

- ______________________________
- ______________________________
- ______________________________

4. Gesundheit ist immer ein Prozess und kein Zustand. Menschen mit einem hohem Kohärenzgefühl sind eher in der Lage, sich gezielt für gesundheitsförderndes Verhalten zu entscheiden.
Überdenken Sie Ihr eigenes Gesundheitsverhalten. Stellen Sie Ihr momentanes gesunderhaltendes und Ihr nicht gesunderhaltendes Verhalten dar.

a) **Gesunderhaltend:**

- ____________________
- ____________________
- ____________________
- ____________________
- ____________________
- ____________________

b) **Nicht gesunderhaltend:**

- ____________________
- ____________________
- ____________________
- ____________________
- ____________________
- ____________________

3 Wahrnehmung und Beobachtung in der Pflege

Lösen Sie das Rätsel und ermitteln Sie das senkrecht stehende Lösungswort.

1. eine durch Viren verursachte Infektionskrankheit
2. eine Ausscheidung
3. ein anderer Begriff für Krankheitszeichen (Mehrzahl)
4. ein anderes Wort für Harn
5. unzureichende Funktion der Nieren
6. minimaler Druck in den Gefäßen
7. größtes Organ des Menschen
8. Bei einem Wert von > 100 mm $Hg_{diastol}$ ist der Blutdruck ________
9. eine Gesundheitsvorsorgemaßnahme
10. ein Sinnesorgan

1.
2.
3.
4.
5.
6.
7.
8.
9.
10.

Kontrolle der Vitalfunktionen: Puls

1. Verbinden Sie die angegebenen Normalwerte für den Puls mit der entsprechenden Altersgruppe.

100–140 Schläge pro Minute	ältere Menschen
80–90 Schläge pro Minute	Erwachsene
80–85 Schläge pro Minute	Sauglinge/Kleinkinder
60–80 Schläge pro Minute	Schulkinder

2. Die Pulsfrequenz kann sich durch verschiedene äußere Einflüsse, aber auch durch Krankheitszustände verändern:

Anstrengung ▪ Hungerzustand ▪ Schilddrüsenüberfunktion ▪ Fieber ▪ Schrecksituation ▪ Herzerkrankungen ▪ Aufregung ▪ starker Blutverlust ▪ Schlaf ▪ blutdrucksenkende Medikamente ▪ Stress ▪ Herzschwäche ▪ gesteigerter Hirndruck ▪ Entspannung ▪ Angst ▪ Drogen- und/oder Alkoholmissbrauch ▪ Schilddrüsenunterfunktion

Ordnen Sie die aufgeführten Einflüsse und Krankheitszustände den Punkten a) bis d) auf der nächsten Seite zu.

a) **Normale Erhöhung:**

1. ______

2. ______

3. ______

4. ______

5. ______

b) **Normale Verlangsamung:**

1. ______

2. ______

3. ______

c) **Krankheitsbedingte Erhöhung auf über 100 Schläge pro Minute:**

1. ______

2. ______

3. ______

4. ______

d) **Krankheitsbedingte Verlangsamung auf unter 60 Schläge pro Minute:**

1. ______

2. ______

3. ______

4. ______

5. ______

Wenn die Pulsfrequenz unter ______ Schläge pro Minute absinkt, besteht Lebensgefahr.

Kontrolle der Vitalfunktionen: Körpertemperatur

1. Nachstehend finden Sie Messwerte der Körpertemperaturen von Menschen.
Ordnen Sie die Temperaturwerte den Temperaturarten zu und tragen Sie diese in die Tabelle ein:

38,5 °C ▪ 36,2 °C ▪ 35,9 °C ▪ 37,4 °C ▪ 38,0 °C ▪ 39,8 °C ▪ 38,7 °C ▪ 37,6 °C ▪ 36,8 °C ▪ 40,0 °C

Untertemperatur	Normale Temperatur	Erhöhte Temperatur	Fieber	Hohes Fieber

2. Im Unterricht haben Sie verschiedene Messmethoden der Körpertemperatur kennengelernt.
Vergleichen Sie die axillare, die sublinguale/orale und die rektale Messmethode:
Ermitteln Sie die Vor- und Nachteile der jeweiligen Messmethoden.

	Axillare Messung	Sublinguale/orale Messung	Rektale Messung
Vorteile			
Nachteile			

3. a Erkundigen Sie sich in der Literatur oder im Internet nach weiteren Messmethoden der Körpertemperatur, insbesondere für Säuglinge und Kleinkinder.

3. b Beschreiben Sie diese Messmethoden kurz.

____

____

____

____

____

4 Altersspezifische Krankheitsbilder

Diabetes mellitus Typ II

Beispiel

Frau Monika S. ist 61 Jahre alt und wird gerade wegen einer akuten Lungenentzündung im Krankenhaus behandelt. Sie hat Übergewicht und zu hohen Blutdruck. Weitere Blutuntersuchungen ergaben, dass Frau S. an Diabetes mellitus Typ II erkrankt ist. Sie war sehr erstaunt darüber, hatte aber schon gemerkt, dass sie sich in letzter Zeit immer schwächer fühlte und Gewicht abnahm, obwohl sie sich regelmäßig ein Stück Buttercremetorte mit ihren Freundinnen gönnte.

1. Ermitteln Sie die Ursachen für das Entstehen von Diabetes mellitus Typ II.

- ______________________________
- ______________________________
- ______________________________

2. Geben Sie Symptome des Diabetes mellitus Typ II an.

- ______________________________
- ______________________________
- ______________________________
- ______________________________

3. Listen Sie mögliche körperliche Folgen durch Diabetes mellitus Typ II für Frau S. auf.

- ______________________________
- ______________________________
- ______________________________

4. Empfehlen Sie Frau S. eine gesunde Lebensweise zur Vermeidung der Erkrankung.

- ______________________________
- ______________________________
- ______________________________
- ______________________________

Osteoporose

Beispiel Frau Weber achtet sehr auf ihre Schritte, wenn sie läuft. Schon eine ruckartige Bewegung oder ein Sturz könnten zu schweren Knochenbrüchen führen. Die 75-jährige Frau lebt allein in einer Zwei-Zimmer-Wohnung. Seit ihrer Diagnose Osteoporose hat sie Angst, sie könnte stürzen und sich wie vor einem halben Jahr einen Knochenbruch zuziehen. Sie möchte ihre Wohnung „sturzsicher“ machen. Wahrscheinlich wird sie irgendwann auf einen Rollator oder einen Rollstuhl angewiesen sein.

1. Geben Sie Frau Weber Empfehlungen, inwiefern sie ihre Wohnung „sturzsicher“ machen kann. Beziehen Sie dabei auch den Flur, die Küche und das Badezimmer mit ein.

- ______
- ______
- ______
- ______
- ______
- ______
- ______

2. Machen Sie weitere Vorschläge für Frau Weber zur Verbesserung ihres Alltags. Begründen Sie Ihre Auswahl.

- ______
  ______
- ______
  ______
- ______
  ______
- ______
  ______
- ______
  ______

5 Vermeidung von Folgeerkrankungen

Dekubitus (Druckgeschwür)

Beispiel

Frau Hüsum (48 Jahre) pflegt jeden Tag ihre Nachbarin Frau Kohlhase (81 Jahre), die bettlägerig ist. Beide kennen sich schon lange und sind gut befreundet. Eines Morgens entdeckt Frau Hüsum bei der Körperpflege bei Frau Kohlhase rote Stellen an ihrer Ferse.
Frau Hüsum ist erschrocken und überlegt, was sie falsch gemacht haben soll. Ansonsten ist die Haut von Frau Kohlhase noch intakt.

1. Beschreiben Sie mögliche Ursachen für die „roten Stellen" an der Ferse.

- ______
- ______
- ______
- ______
- ______

2. Benennen Sie die gefährdeten Stellen anhand der Abbildungen.

- ______
- ______
- ______
- ______
- ______
- ______
- ______

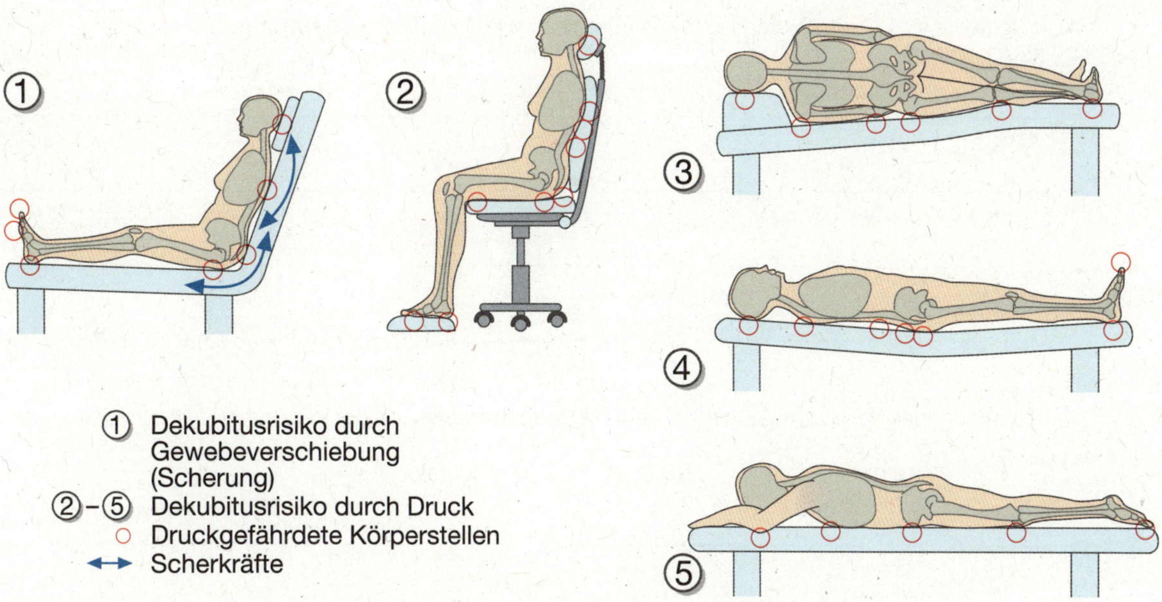

3. Nennen Sie Personengruppen, die besonders dekubitusgefährdet sind. Begründen Sie Ihre Auswahl.

- ______________________________
- ______________________________
- ______________________________
- ______________________________
- ______________________________

4. Setzen Sie folgende Wörter in den Lückentext ein:
Feuchtigkeit ▪ Folgeerkrankungen ▪ Dekubitus ▪ Falten im Laken ▪ Druck ▪ Risikofaktoren ▪ Lähmung ▪ Körpergewichts ▪ durchblutet ▪ Übergewicht ▪ bettlägerig

______________ entstehen bei Patienten, die über längere Zeit ______________ oder zum Beispiel infolge einer ______________ bewegungseingeschränkt sind. ______________ bedeutet Wundliegen. Durch anhaltenden ______________ des ______________ auf eine Unterlage werden die entsprechenden Körperstellen nicht mehr ausreichend ______________.

Zu den ______________ gehören neben ______________, ______________ oder starke Abmagerung auch ______________.

5. a Erkundigen Sie sich in einem Sanitätshaus über Hilfsmittel zur Druckentlastung.

- __________
- __________
- __________
- __________

5. b Überlegen Sie, inwiefern Übergewicht als auch starke Abmagerung die Bildung eines Druckgeschwürs begünstigen.

____

____

____

5. c Empfehlen Sie Getränke, um eine ausreichende Flüssigkeitszufuhr der Patienten zu gewährleisten.

- __________
- __________
- __________

Pneumonie (Lungenentzündung)

Der Begriff „Prophylaxe" kommt aus dem Griechischen und heißt übersetzt „vor etwas Wache halten". Prophylaktische Maßnahmen sind vorbeugende Maßnahmen. Sie sollen Sekundärkrankheiten (Folgeerkrankungen), die zu einer schon bestehenden Grunderkrankung hinzukommen, verhindern. Solche Folgeerkrankungen verursachen Schmerzen und können zu lebensbedrohlichen Schäden führen.

1. Erklären Sie den Begriff „Pneumonieprophylaxe" und informieren Sie sich über die Entstehung der Pneumonie.

____

____

____

____

____

2. Ermitteln Sie mögliche Beobachtungen zur Pneumoniegefährdung eines Pflegebedürftigen.

- ____________________
- ____________________
- ____________________
- ____________________
- ____________________

3. Nennen Sie drei Maßnahmen zur Pneumonieprophylaxe und erklären Sie deren Ziel.

a) Maßnahme: ____________________

Ziel: ____________________

b) Maßnahme: ____________________

Ziel: ____________________

c) Maßnahme: ____________________

Ziel: ____________________

4. Nennen Sie drei Patientengruppen, die besonders pneumoniegefährdet sind.

- ____________________
- ____________________
- ____________________

6 Anwendung und Einsatz von Hausmitteln

1. Geben Sie zu den angegebenen Heilpflanzen jeweils ihre mögliche Verwendung an.

Heilpflanze	Verwendung
Fenchel	
Johanniskraut	
Kamille	
Pfefferminze	
Malve	

2. Erläutern Sie die Zubereitung eines frischen Tees.

- ______________________________
- ______________________________
- ______________________________

3. Benennen Sie Erkrankungen/Krankheitssymptome, bei denen die Anwendung einer Wickelbehandlung möglich ist.

- ______________________________
- ______________________________
- ______________________________

4. Beschreiben Sie das Anlegen eines Brustwickels.

____

____

____

____

____

7 Hilfeleistungen zur Mobilität

1. Benennen Sie mögliche Hilfen für mobilitätseingeschränkte Personen für die nachfolgend benannten Situationen/Gegebenheiten.

a) Treppe: ______________________________

b) Dusche: ______________________________

c) Badewanne: ______________________________

d) Allgemeiner Wohnbereich: ______________________________

e) Toilette: ______________________________

Beispiel Frau K. ist 83 Jahre alt und stark gehbehindert und wohnt in einem Einfamilienhaus. Ihr Mann ist bereits vor vier Jahren verstorben. Frau K. möchte nicht in eine andere Wohnung umziehen, da sie seit ihrer Geburt in diesem Haus lebt. Ihr Schlafzimmer und das Badezimmer befinden sich im ersten Stock.

2. Empfehlen Sie Frau K. konkrete Mobilitätshilfen für ihr Haus beziehungsweise ihre Zimmer.

- ______________________________
- ______________________________
- ______________________________
- ______________________________
- ______________________________
- ______________________________
- ______________________________

3. Erkundigen Sie sich in Sanitätshäusern, im Internet, anhand von Prospekten oder auf Pflegemessen nach den neuesten Mobilitätshilfen für den Alltag.
Listen Sie diese entsprechend ihrer Funktion auf.

- ______________________________
- ______________________________
- ______________________________
- ______________________________
- ______________________________
- ______________________________

8 Sturzprophylaxe

Erklären Sie Ihrer Praktikantin in wenigen Sätzen, worauf man in Wohnbereichen bezüglich der Sturzprophylaxe achten sollte.

- ____________________
- ____________________
- ____________________
- ____________________
- ____________________
- ____________________
- ____________________

Lernfeld 8:
„Gesunde Lebensführung fördern“

1 Stressbewältigung und -prävention

1. Benennen Sie Einflussfaktoren auf Ihre körperliche und seelische Gesundheit, die Sie selbst beeinflussen und aktiv verändern können.

a) **Körperliche Gesundheit:**

- ______________________________
- ______________________________
- ______________________________
- ______________________________

b) **Seelische Gesundheit:**

- ______________________________
- ______________________________
- ______________________________
- ______________________________

2. Beschreiben Sie Möglichkeiten zum Stressabbau.

____

____

____

____

____

____

3. Entwickeln Sie eine eigene Fantasiereise (kleine Geschichte, Traum) in einer Umgebung, welche Sie entspannen könnte.

Beispiel Ich bewege mich langsam auf weichem, grünem Moos. In der Ferne sehe ich …

2 Institutionen des Gesundheitssystems

1. Erläutern Sie den Aufbau des Gesundheitssystems in Deutschland.

2. Nennen Sie Beispiele gesundheitlicher Institutionen.

3. Erkundigen Sie sich bei Ihrer Krankenkasse über Leistungen zur gesundheitlichen Vorsorge.

4. Diskutieren Sie innerhalb Ihrer Klasse über Gemeinsamkeiten und Unterschiede der Angebote im Vergleich der Krankenkassen.

a) **Gemeinsamkeiten:**

b) **Unterschiede:**

3 Rückengerechtes Arbeiten

1. Zählen Sie Grundsätze zum rückengerechten Arbeiten auf.

- ___
- ___
- ___
- ___
- ___
- ___
- ___
- ___
- ___

2. Stellen Sie den Rücken belastende Tätigkeiten in der Pflege dar.

- ___
- ___
- ___
- ___
- ___
- ___
- ___
- ___
- ___
- ___

3. Ordnen Sie die aufgeführten Hilfsmittel zum rückenschonenden Arbeiten für Pflegende und zum selbstständigen Handeln von Pflegebedürftigen den entsprechenden Bildern zu:

Gleitmatte ▪ Drehscheibe ▪ Rutschbrett ▪ Patientenhebekissen ▪ Trapezgriff ▪ Bettleiter ▪ Patientenlifter ▪ Aufstehhilfe

a) 

b) 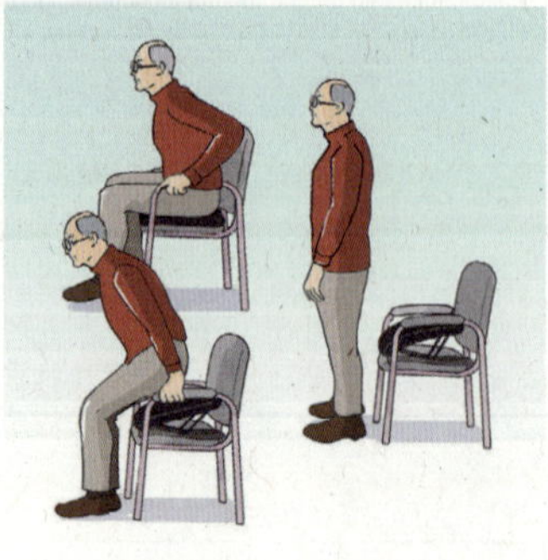

c) 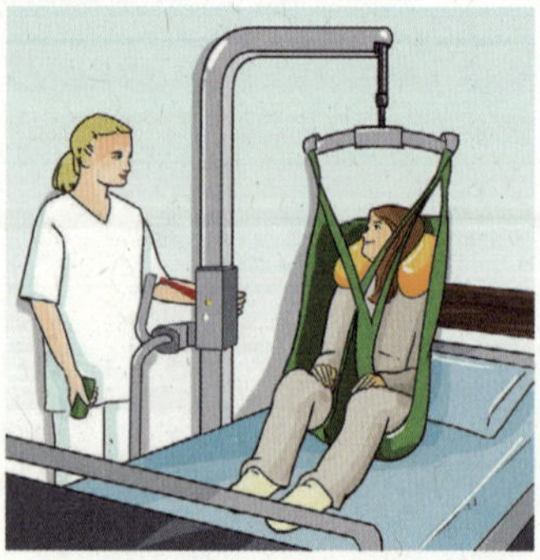

d) 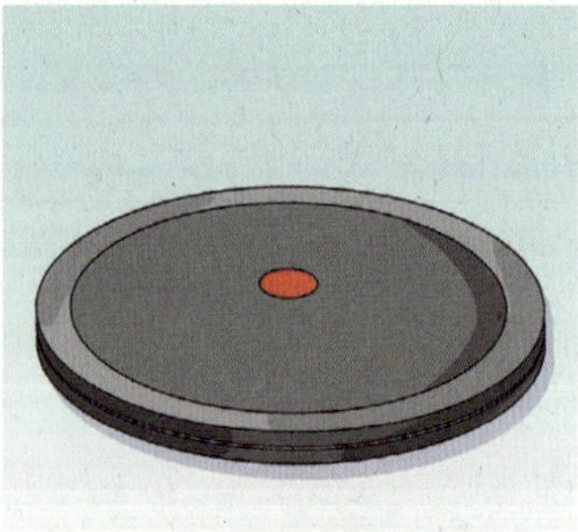

e) 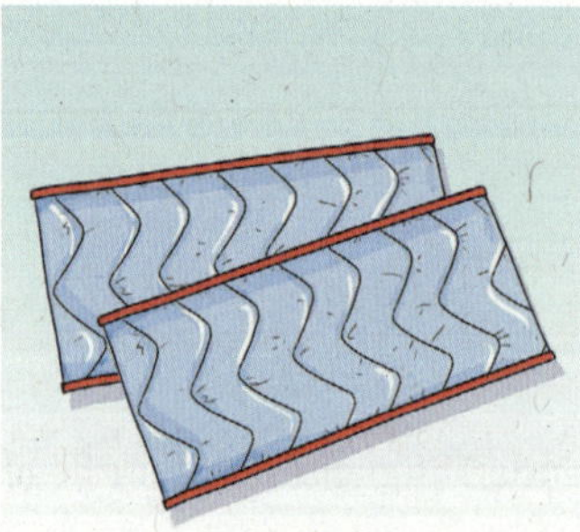

f) 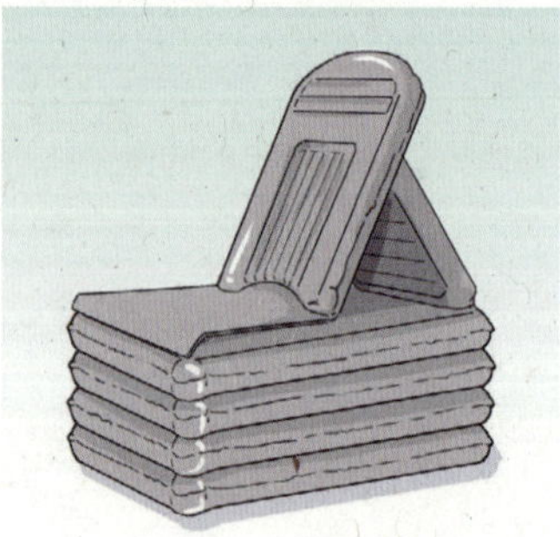

g) 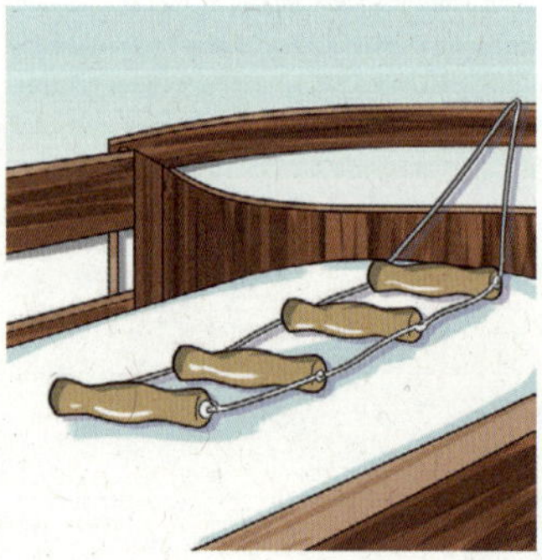

h) 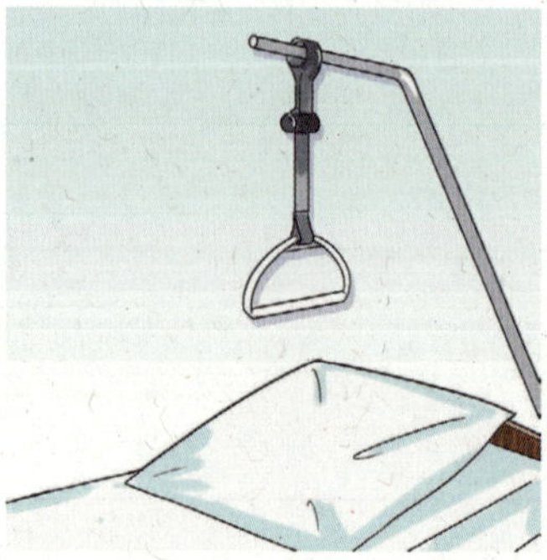

4 Kontakt aufnehmen zu einem Menschen mit geistiger Behinderung

Beispiel

Die Praktikantin Sarah ist den ersten Tag in der Gruppe eines heilpädagogischen Kindergartens, den neun Kinder mit Behinderungen besuchen. Wie jeden Morgen beginnt der Tag mit dem gemeinsamen Frühstück.

Sarah möchte diese Frühstückssituation für sich nutzen, um den ersten Kontakt mit einigen Kindern der Gruppe aufzunehmen. Mareike, ein schwerstmehrfachbehindertes vierjähriges Mädchen, steckt sich gerade ein halbes Butterbrot in den Mund, als Sarah an den Tisch kommt. Mareike steht auf und möchte Sarah mit ihrem brotverschmierten Gesicht einen Begrüßungskuss geben. Sarah ekelt sich und weiß nicht zu reagieren.

1. Wie soll Sarah sich verhalten? Entscheiden Sie sich für eine Lösung und kreuzen Sie diese an.

2. Beantworten Sie bei jedem der unten angegebenen Vorschläge die Frage „Was passiert, wenn Sarah sich für diese Lösung entscheidet?“.

- [ ] Sarah steht schnell auf, verlässt den Raum unter einem Vorwand und kommt erst nach dem Frühstück zurück in den Gruppenraum.

____

____

- [ ] Sarah lächelt trotz ihrer Ekelgefühle und lässt das Mädchen gewähren.

____

____

- [ ] Sarah nimmt das Mädchen an die Hand, führt es zum Waschbecken, stellt sich dabei vor und führt das Kind an seinen Platz zurück.

____

____

- [ ] Sarah wendet sich an die Gruppenleiterin und fragt, wie sie sich verhalten soll.

____

____

Andere Lösungsvorschläge:

____

____

5 Umgang mit Ekelgefühlen

Bearbeiten Sie die folgenden Fragen und tauschen Sie Ihre Antworten danach in der Kleingruppe aus.

1. Nennen Sie persönliche Erlebnisse, die Sie spontan mit den Begriffen „Ekel“ und „eklig“ verbinden.

____

____

2. Beschreiben Sie Ihre körperlichen Reaktionen in solchen Situationen.

____

____

3. Überlegen Sie, welche der folgenden Strategien Sie nutzen, um mit Ekelgefühlen umzugehen. Unterstreichen Sie jeweils die auf Sie zutreffende Strategie oder ergänzen Sie weitere Strategien, die Sie nutzen.

a) **Kurzfristig:** Weglaufen, Zeit schinden, viel duschen, weniger Kontakt mit den Bewohnern, schneller arbeiten ______________________________

b) **Langfristig:** Gewöhnung, Verdrängung ______________________________

4. Beurteilen Sie die folgenden Lösungsvorschläge zur kurzfristigen Bewältigung von Ekelgefühlen in Pflegesituationen.

	Nicht akzeptabel	Teilweise akzeptabel	Akzeptabel
schnell machen			
frische Luft			
Raumduft			
rausgehen			

5. Habe ich mich schon einmal öffentlich geekelt? Vor wem oder was? Wenn ja: Hat mir meine offene Reaktion geholfen, das Erlebnis zu verarbeiten?

____

____

____

____

6. Gibt es weitere Hilfen, die Sie von der Schule oder der Ausbildungsstätte erhalten möchten, um mit zukünftigen unangenehmen Situationen besser umgehen zu können? Wenn ja, listen Sie diese hier auf.

____

____

____

____

6 Menschen mit geistiger Behinderung und ihre Sexualität

1. Bilden Sie Kleingruppen und bestimmen Sie innerhalb Ihrer Gruppe eine Person, die protokolliert.

2. Zerschneiden Sie die Karten, ohne sie vorher gelesen zu haben. Bilden Sie anschließend einen Stapel mit umgedrehten Karten.

Wie ist deine Einstellung zur Selbstbefriedigung?	**Kannst du gut über „Liebe“, „Sex“ usw. reden oder ist dir das eher peinlich? Wenn dir das eher peinlich ist, wie könntest du das ändern?**
Sprich einige Gedanken darüber aus, welche Unterschiede du zwischen den Begriffen „Sex“, „Erotik“ und „Liebe“ siehst.	**Was hältst du von Sexhilfsmitteln?**
Was findest du an einem Mann/ einer Frau erotisch?	**Nenne drei verschiedene Verhütungsmethoden. Welche findest du am besten?**
Wenn du jemanden aufregend findest, worauf achtest du als Erstes?	**Nenne drei Bezeichnungen für die männlichen Geschlechtsorgane.**
Nenne drei Bezeichnungen für die weiblichen Geschlechtsorgane.	**Nenne drei Bezeichnungen für Geschlechtsverkehr.**

(vgl. Baer, Ulrich, 1977, S. 27–30)

3. Decken Sie nacheinander die Karten auf, lesen Sie die Frage vor und beantworten Sie diese. Die anderen Schüler können nachfragen oder aus ihren eigenen Erfahrungen ergänzen.

4. Der Protokollant hält die Antworten in Stichpunkten fest.

- ______________________________
- ______________________________
- ______________________________
- ______________________________
- ______________________________
- ______________________________
- ______________________________
- ______________________________
- ______________________________
- ______________________________

5. Listen Sie die Fragen auf, die bezüglich des Umgangs mit dem Thema „Menschen mit Behinderungen und ihre Sexualität“ durch dieses Spiel aufgekommen sind:

____

____

____

____

____

6. Nennen Sie weitere Aspekte, die Sie im Unterricht behandeln möchten, um im Praktikum besser vorbereitet mit dieser Thematik umgehen zu können.

____

____

____

____

____

7 Phasen des Sterbens

1. Vervollständigen Sie die Tabelle, indem Sie die folgenden Verhaltensweisen entsprechend zuordnen:

aggressives Verhalten ▪ auffallende Aktivitäten ▪ besondere Beachtung des äußeren Erscheinungsbildes ▪ besondere Beteiligung an therapeutischen Maßnahmen ▪ Erinnern und bewusstes Abschiednehmen ▪ große Müdigkeit und Erschöpfung ▪ große Sensibilität gegenüber den Geschehnissen in der Umwelt ▪ häufige Kirchenbesuche ▪ häufiger Arztwechsel ▪ Hoffen auf eine günstigere Wende ▪ Hoffen auf Wirkung von Wundermitteln ▪ Loslösung von sozialen Bindungen ▪ Nörgeleien und Unzufriedenheit ▪ Rückzug auf die Innen- und Gedankenwelt ▪ Rückzug und Isolation ▪ Schmieden von Zukunftsplänen ▪ sich langsam mit dem Schicksal abfinden ▪ Sterben wird als Erlösung gesehen ▪ ungerechtfertigte Vorwürfe gegenüber der Umwelt ▪ Verhandeln um Fristverlängerung ▪ Wirklichkeit wird verleugnet ▪ Wunsch nach Konfliktregulierung

Phase	Verhaltensweisen
1. Nicht-wahrhaben-Wollen	▪ ______ ▪ ______ ▪ ______ ▪ ______ ▪ ______
2. Zorn – Auflehnung	▪ ______ ▪ ______ ▪ ______
3. Verhandeln	▪ ______ ▪ ______ ▪ ______ ▪ ______
4. Depression	▪ ______ ▪ ______ ▪ ______
5. Zustimmung	▪ ______ ▪ ______ ▪ ______ ▪ ______

8 Auseinandersetzung mit dem eigenen Lebensende

Um sich in die Situation eines Sterbenden hineinzuversetzen und ihn einfühlsam begleiten zu können, kann es hilfreich sein, sich mit den Vorstellungen über das eigene Lebensende auseinanderzusetzen, auch wenn Ihnen dies im Moment etwas befremdlich erscheinen mag. Stellen Sie sich deshalb für einen kurzen Moment vor, Sie würden erfahren, dass Sie nur noch eine kurze Zeit zu leben hätten.

1. Versuchen Sie die unten stehenden Fragen, soweit Sie können, zu beantworten.

2. Sprechen Sie in der Kleingruppe über Ihre Antworten.

- In was würde ich noch investieren, solange es mir möglich wäre (zum Beispiel in meine Beziehung, in meine Familie, in meine Lieblingsbeschäftigung)?

- Kann ich von mir behaupten, dass ich den mir wichtigen Menschen meine Liebe und Zuneigung genügend gezeigt habe?

- Gibt es Menschen, mit denen ich noch etwas vor meinem bevorstehenden Ende zu klären hätte (zum Beispiel für etwas entschuldigen, für etwas besonders danken, etwas bisher noch nicht Ausgesprochenes mitteilen)?

- Welche Gefühle habe ich, wenn ich darüber nachdenke, dass ich vom Leben, von der Natur, von den geliebten Menschen Abschied nehmen muss?

- Möchte ich die letzte Zeit meines Lebens zu Hause bei meinen Angehörigen verbringen oder lieber woanders? Welches sind die Gründe für meine Entscheidung?

- Möchte ich von jemandem in den letzten Tagen begleitet werden? Was wünsche ich mir von meinen Besuchern?

- Wünsche ich mir eine Erdbestattung oder möchte ich lieber verbrannt werden?

- Möchte ich aufgebahrt werden? Warum ja/warum nein?

- Wenn ja, wo? Zu Hause, in einer Friedhofskapelle oder an einem anderen Ort?

- Wünsche ich, dass ganz bestimmte Texte und/oder Lieder an meinem Grab vorgetragen beziehungsweise abgespielt werden? Wenn ja, welche?

- Welche Wünsche habe ich bezüglich der Gestaltung der Trauerfeier?

- Wie sollte meine Grabstelle aussehen? Welche Gedanken verbinde ich mit dieser Vorstellung?

- Gibt es noch etwas, was mir im Zusammenhang mit meinem eigenen Lebensende wichtig erscheint?

Hinweis

Bewahren Sie diese niedergeschriebenen Gedanken an einem Ort auf, den Ihre nächsten Angehörigen kennen.

9 Körperliche und seelische Gewalt in der Pflegebeziehung

1. Definieren Sie den Begriff „Gewalt“ und nennen Sie Formen von Gewalt gegenüber älteren Menschen.

a) **Definition**

b) **Formen von Gewalt**

-
-
-
-
-

2. Gewalt hat sehr viele Ursachen, die sowohl auf Pflegekräfte als auch auf Pflegebedürftige einwirken. Benennen Sie mögliche Ursachen für Gewalt im Zusammenspiel zwischen Pflegekraft und pflegebedürftigem Menschen/Heimbewohner.

-
-
-
-
-

3. Ein Ausgangspunkt von Gewalt könnte für Pflegebedürftige und Heimbewohner eine unverarbeitete Biografie sein. Leiten Sie Ursachen für diesen Ausgangspunkt ab.

-
-
-

10 Grundregeln für eine gesunde ausgewogene Ernährung

Die Grundregeln für eine ausgewogene und gesunde Ernährung, die den Bedarf an allen Nährstoffen für Wachstum, Entwicklung und Gesundheit eines Menschen deckt, lassen sich mithilfe der Ernährungspyramide einfach darstellen.

1. Treffen Sie Aussagen zur Bedeutung der einzelnen Bausteine und zu deren Anzahl in der Pyramide. Nennen Sie konkrete Beispiele.

1 Baustein = ______________________

____

____

____

____

____

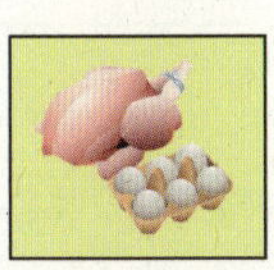

____

____

____

2. Die Pyramide unten ist sehr durcheinandergeraten. Zeichnen Sie die dargestellten Symbole in der Anzahl und Anordnung in die leere Pyramide, sodass sie zu den Grundregeln einer gesunden Ernährung passen.

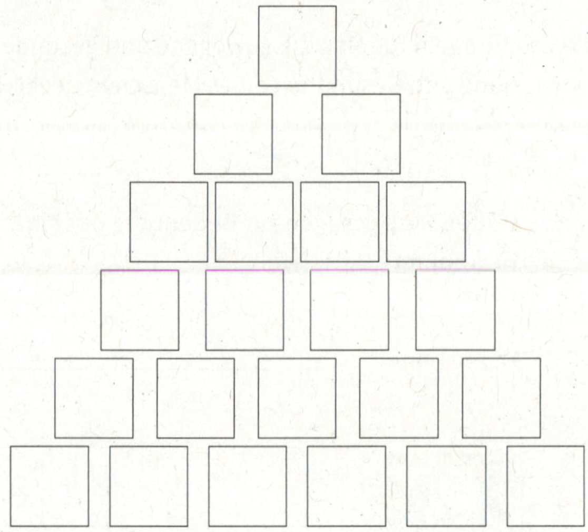

3. Formulieren Sie die Grundregeln einer gesunden Ernährung.

1. ______________________________
2. ______________________________
3. ______________________________
4. ______________________________
5. ______________________________
6. ______________________________
7. ______________________________
8. ______________________________
9. ______________________________
10. ______________________________

4. Kennzeichnen Sie die einzelnen Pyramidenebenen farbig und erläutern Sie deren Bedeutung für die gesunde Ernährung. Ordnen Sie die entsprechenden Lebensmittelgruppen richtig zu.

grün	
gelb	
rot	

11 Hygiene in der Küche

Sauberkeit und Hygiene in der Küche sind das oberste Gebot. So vermeidet man bei der Küchenarbeit, dass sich krankheitserregende Mikroorganismen vermehren und zu einer Gefahr für die Gesundheit werden.

Im Folgenden finden Sie Merkzettel zur Hygiene in der Küche. Kennzeichnen Sie diejenigen Aussagen, die falsch sind, und schreiben Sie die jeweils richtige Aussage dazu auf.

(a) Da mit den Händen alles angefasst wird und so Mikroorganismen übertragen werden können, müssen sie vor der Küchenarbeit gründlich gesäubert werden.

(b) Die Auftauflüssigkeit von gefrorenem Fleisch und Geflügel sollte man beim Zubereiten mitverwenden, sie enthält wertvolle Mineralstoffe.

(c) Bei Raumbedingungen verdoppelt sich die Anzahl der Bakterien auf einem Lebensmittel alle 20 Minuten. Ein Stück Fleisch enthält nach einer Stunde 500 Mikroben, wenn es bereits 125 Mikroben enthielt, als es aus dem Kühlschrank kam.

(d) Werden fertige Speisen warm gehalten, darf eine Temperatur von 65 °C nicht überschritten werden.

(e) Nach Beendigung der Küchenarbeit sind alle Geräte und Arbeitsmittel, der Arbeitsplatz, die Arbeitsflächen und auch der Küchenfußboden zu reinigen.

(f) Vor der Verarbeitung frischer Lebensmittel müssen diese zuerst gewaschen werden.

(g) Speisen sollte man nur mit einem sauberen Löffel probieren, um eine Bakterienübertragung zu vermeiden.

(h) Um Mikroorganismen sicher abzutöten, muss man Lebensmittel einfrieren.

(i) Bei Magen-Darm-Erkrankungen und Erkältungen muss man einen Mundschutz anlegen, wenn man in der Küche arbeitet.

12 Arbeitsorganisation in der Küche

Zur Herstellung von Speisen benötigt man die Kenntnis über die erforderlichen Zutaten und eine Zubereitungsanleitung. Beides findet man in entsprechenden Rezepten.
Mithilfe dieser Rezepte kann man die Zutatenmengen berechnen, die richtigen Waren beschaffen und gegebenenfalls einen Arbeitsplan aufstellen. So vorbereitet, kann auch bei wenig Küchenerfahrung kaum etwas misslingen.

Sie sollen für ein Fest in einer Werkstatt für Menschen mit Behinderungen (WfbM) 60 Mini-Gemüse-Pizzen backen (das entspricht etwa vier Backblechen). Folgendes Rezept steht Ihnen zur Verfügung:

Zutaten für 4 kleine Pizzen

Für den Hefeteig:
65 g Weizenvollkornmehl
¼ Päckchen Trockenhefe
3 EL lauwarmes Wasser
2 Messespitzen Salz
½ EL Öl

Für den Belag:
50 g Rahmfrischkäse
¼ TL Senf
¼ Prise Salz
1 kleine Tomate
20 g Champignons
20 g Brokkoliröschen (TK)
1½ EL geriebener Käse
1 Blättchen frisches Basilikum
Salz, Pfeffer und Paprikapulver zum Würzen

Zubereitung:
Für den Teig das Mehl in einer Rührschüssel mit der Hefe sorgfältig mischen. Die übrigen Teigzutaten hinzufügen und mit den Knethaken des Handrührgerätes zu einem glatten Teig verarbeiten. Den Teig so lange zugedeckt an einem warmen Ort gehen lassen, bis er sich in etwa verdoppelt hat (ca. 30 Minuten).
Das Backblech fetten oder mit Backpapier auslegen und den Ofen vorheizen.
Ein paar Basilikumblättchen abzupfen, mit dem Wiegemesser auf einem Schneidbrett feinhacken und mit Senf und einer Prise Salz mit dem Frischkäse verrühren.
Die Tomaten waschen, abtrocknen und mit dem Gemüsemesser würfeln. Die Champignons putzen und in feine Scheiben schneiden. Den tiefgekühlten Brokkoli in ein Sieb geben und im Handwaschbecken oder in einer Schüssel auftauen lassen.
Den Teig vierteln, jeweils zur Kugel formen und in vier kleine runde Pizzen mit dem Nudelholz ausrollen. Mit dem Frischkäse bestreichen, Tomaten, Pilze und Brokkoli darauf verteilen und Käse darüber streuen. Mit Salz, Pfeffer und Paprikapulver würzen.
Die Pizzen im Backofen bei 200 °C Ober-/Unterhitze oder 180 °C Umluft ca. 20 bis 30 Minuten backen.

1. Berechnen Sie die Zutatenmengen für 60 Minipizzen.

2. Erstellen Sie eine genaue Warenanforderung.

3. Schreiben Sie einen Arbeitszeitplan. Die Pizzen sollen etwa zur Mittagszeit (12:00 Uhr) fertig sein.

13 Vorbereitung von Lebensmitteln

Werden Lebensmittel zu verschiedenen Speisen verarbeitet, muss man sie entsprechend vorbereiten. Im Folgenden finden Sie einige Grundtechniken, die der Vorbereitung und Bearbeitung von Lebensmitteln in der Küche dienen. Lösen Sie mithilfe der Bilder die Aufgaben.

1. Beantworten Sie die Fragen zu den zwei Vorbereitungstechniken.
Binden Sie Beispiele aus der Küchenpraxis ein.

a) Lebensmittel sollten möglichst unzerkleinert und kurz gewaschen werden. Begründen Sie diese Empfehlung.

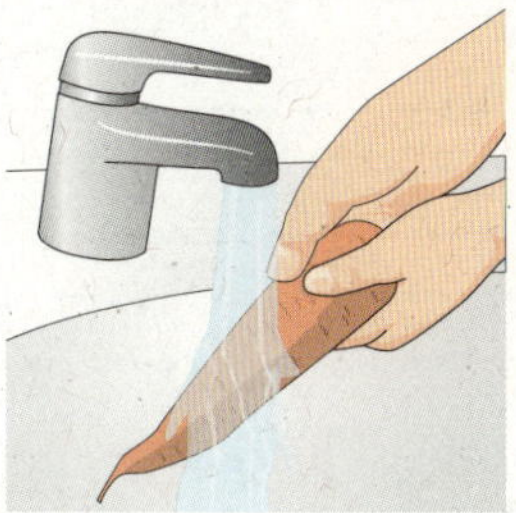

b) Begründen Sie die Notwendigkeit, Obst und Gemüse dünn zu schälen.

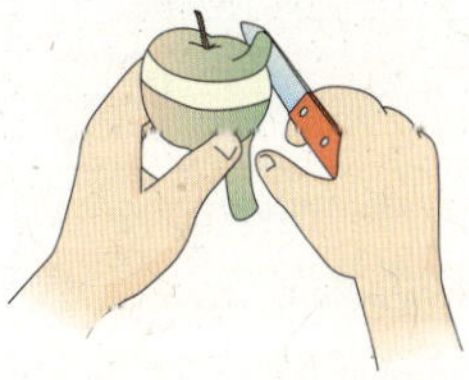

2. Benennen Sie folgende Zerkleinerungstechniken und geben Sie jeweils ein Beispiel an.

3. Erläutern Sie die Techniken zum Mischen von Lebensmitteln und geben Sie jeweils ein Beispiel an.

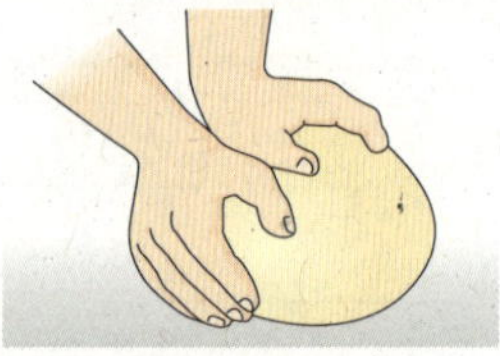

14 Lebensmittel garen

Viele Lebensmittel werden erst durch das Garen genießbar oder besser verdaulich. Außerdem bilden sich beim Garen Aroma- und Geschmacksstoffe.

Finden Sie mithilfe der Erklärungen die verschiedenen Garverfahren, die bei der Zubereitung von Lebensmitteln Anwendung finden, und tragen Sie diese in das Buchstabengitter ein (ä = ae, ö = oe, ü = ue).

1. ________ ist das Erweichen eines Lebensmittels in einem warmen Wasserbad.
2. Beim ________ wird in wenig Fett und etwas Flüssigkeit gegart.
3. Die Speisen werden beim ________ durch die sie umgebende heiße Luft gar.
4. Massen verfestigen sich beim ________ in einem Gefäß, das von siedendem Wasser umgeben ist.
5. Das ________ kombiniert zwei Garverfahren. Erst wird gebraten und dann fortgekocht.
6. ________ ist Garen in viel siedender Flüssigkeit.
7. Zum ________ von Lebensmitteln darf die Flüssigkeit nicht kochen. Die Gartemperatur liegt unter 100 °C.
8. Zum ________ wird das Lebensmittel in viel sehr heißem Fett gegart.
9. Beim Braten und ________ wird das Bratgut bei großer Hitze an- und dann fortgebraten.
10. ________ ist ein schonendes Garverfahren, bei dem heißer Wasserdampf das Gargut umgibt.
11. Beim ________ wird das Lebensmittel bei sehr hohen Temperaturen gebräunt und gegart.

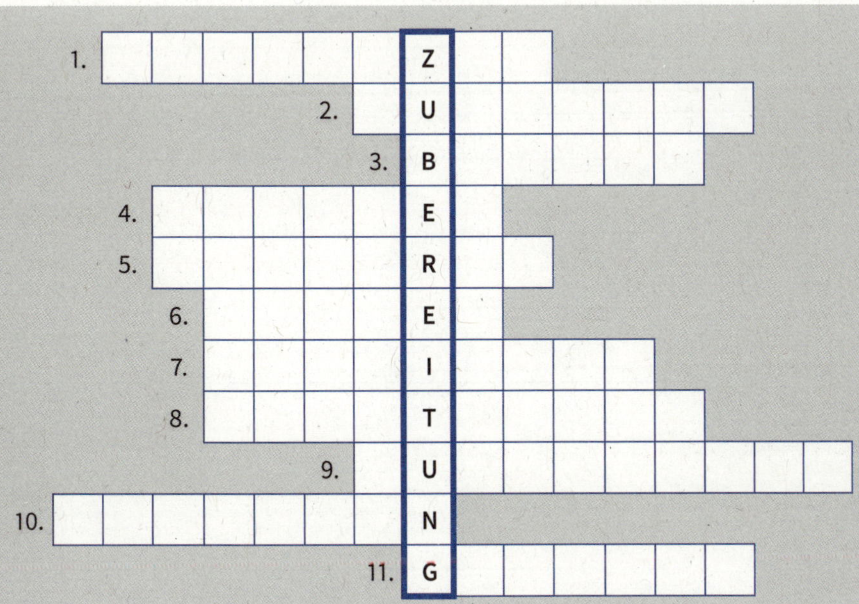

15 Grundregeln beim Eindecken

Für das Eindecken eines Tisches mit dem notwendigen Besteck und Geschirr für die jeweiligen Mahlzeiten gibt es feste Grundregeln. Auf den folgenden Bildern wurde einiges falsch gemacht.

Kennzeichnen Sie die Fehler. Beschreiben Sie dann, wie jeweils richtig gedeckt wird.

Lernfeld 9:
„Gestaltungsprinzipien in Räumen sozialpädagogischer und sozialpflegerischer Einrichtungen kennen und Gestaltungsmittel zielgerichtet nutzen“

1 Raumgestaltung in sozialpädagogischen und sozialpflegerischen Einrichtungen

1. Stellen Sie sich die Räume der sozialpädagogischen und/oder sozialpflegerischen Einrichtung vor, in der Sie Ihr Praktikum absolvieren beziehungsweise absolviert haben, und beantworten Sie hierzu die folgenden Fragen.

	Ja	Nein
a) Trägt die Farbgebung der Räume Ihrer Meinung nach dazu bei, dass sich Menschen in diesen Räumen wohlfühlen können?		
b) Gibt es unterschiedliche Lichtquellen für die Erfüllung der unterschiedlichen Bedürfnisse der zu betreuenden Menschen?		
c) Wurde darauf geachtet, dass die Räume möglichst frei von Störgeräuschen sind?		
d) Macht die Raumgestaltung deutlich, dass Bedürfnisse der Menschen, die darin spielen, leben und arbeiten, aufgegriffen wurden?		
e) Geben die räumlichen Gegebenheiten Orientierung und Sicherheit?		
f) Gibt es Bewegungs- und/oder Entdeckungsmöglichkeiten in den Räumen?		
g) Gibt es Rückzugsmöglichkeiten in den Räumen?		
h) Bietet die Raumgestaltung Gelegenheit zur Eigenaktivität?		
i) Werden Materialien zum Spielen, Gestalten und/oder Beschäftigen offen angeboten?		
j) Sagt die Raumdekoration etwas über die Vorlieben der Menschen aus, die darin spielen, leben und arbeiten?		
k) Gibt es etwas Schönes zum Anschauen?		
l) Haben die Menschen, die sich in diesen Räumen aufhalten, Gelegenheit, diese zu verändern?		
m) Fühle/fühlte ich mich in den Räumen wohl und bin ich mit den Gegebenheiten (bisher) zurechtgekommen?		

2. Bilden Sie nun Kleingruppen und tauschen Sie sich über Gemeinsamkeiten und Unterschiede aus.

3. Überlegen Sie gemeinsam, welche Kriterien bei der Raumgestaltung auf jeden Fall beachtet werden sollten, damit sich die Menschen, die darin spielen, leben und arbeiten, wohlfühlen können.

2 Nutzungsmöglichkeiten von Räumen für Kleinkinder in Privatwohnungen

1. Finden Sie die **falschen** Hinweise und streichen Sie diese durch.

a) Sichern Sie alle Steckdosen im Haushalt mit Schutzsteckern.
b) Entfernen Sie alle zerbrechlichen Gegenstände aus offenen Schränken und Regalen.
c) Sichern Sie alle Schranktüren und Schubladen so, dass das Kind sie nicht auf- oder herausreißen kann.
d) Bringen Sie Hänge- und Wandlampen so an, dass sich das Kind nicht daran hochziehen und verletzen kann.
e) Legen Sie kein Altpapier (Zeitschriften, Zeitungen) in untere Regalfächer, denn das Kind zerreißt dieses und bringt die ganze Wohnung in Unordnung.
f) Legen Sie alle Tischdecken weg, damit das Kind nicht in Versuchung kommt, sich daran festzuhalten und alles, was auf dem Tisch liegt, mit herunterzuziehen (zum Beispiel heiße Kannen).
g) Entfernen Sie Bodenvasen und Stehlampen, die das Kind umwerfen könnte.
h) Stellen Sie Blumentöpfe außer Reichweite des Kindes, denn Blätter, Blüten und Blumenerde ziehen kleine Kinder magisch an.
i) Sichern Sie alle Zugänge zu gefährlichen Bereichen (wie beispielsweise Keller und Treppe) mit einem Schutzgitter.
j) Umkleiden Sie scharfe Kanten mit Schaumstoff, damit sich das kleine Kind zum Beispiel nicht am Kopf verletzt, wenn es bei seinen ersten Gehversuchen dagegen stößt.
k) Halten Sie alle Plastikschüsseln und Tupperdosen unter Verschluss, denn das Kind könnte sie sonst zum Spielen nutzen.
l) Ziehen Sie alle Kabel elektrischer Kleingeräte aus der Steckdose und stellen Sie diese außer Reichweite des Kindes.
m) Versehen Sie Herdplatten, Kühl- und Gefrierschränke sowie Waschmaschinen mit Schutzgittern, damit diese unzugänglich für das neugierige Kind sind, das alles berühren und sich unter Umständen in Schränken verstecken möchte.
n) Stellen Sie den Mülleimer außer Reichweite des Kindes, denn er könnte Schädliches oder Giftiges enthalten.
o) Bewahren Sie keine Plastiktüten in der Nähe des spielenden Kindes auf, da es sich diese über den Kopf ziehen und ersticken könnte.
p) Räumen Sie alle Gegenstände vom Couchtisch (auch ungefährliche), denn das Kind holt sich diese und räumt sie an einen anderen Ort.
q) Schließen Sie alle alkoholhaltigen Getränke und Tabakwaren weg, denn diese können bei kleinen Kindern auch in geringen Mengen sehr viel Schaden anrichten (zum Beispiel kann der Tabak einer einzigen Zigarette tödlich sein).
r) Bewahren Sie Putz- und Waschmittel, Chemikalien und Medikamente in verschlossenen Schränken oder Abstellräumen auf.

Kindersicherung für Steckdosen

2. Begründen Sie Ihre Wahl.

____

____

3 Raumgestaltung und Materialauswahl nach verschiedenen pädagogischen Handlungskonzepten

Ordnen Sie die folgenden pädagogischen Handlungskonzepte den abgebildeten Raumgestaltungselementen beziehungsweise Materialien entsprechend zu (Mehrfachnennung möglich):

Kleinkinderpädagogik nach Emmi Pikler ▪ Pädagogik nach Friedrich Fröbel ▪ Waldorf-Pädagogik ▪ Reggio-Pädagogik ▪ Montessori-Pädagogik

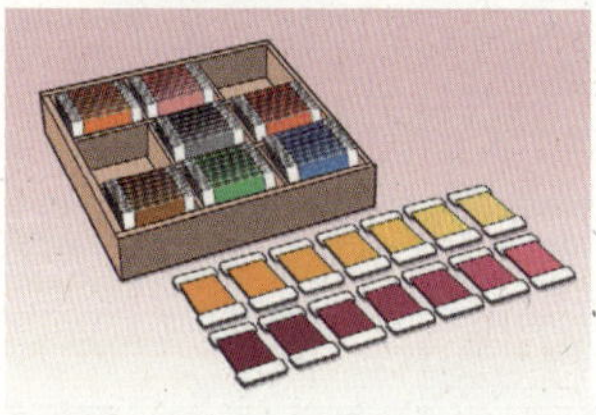

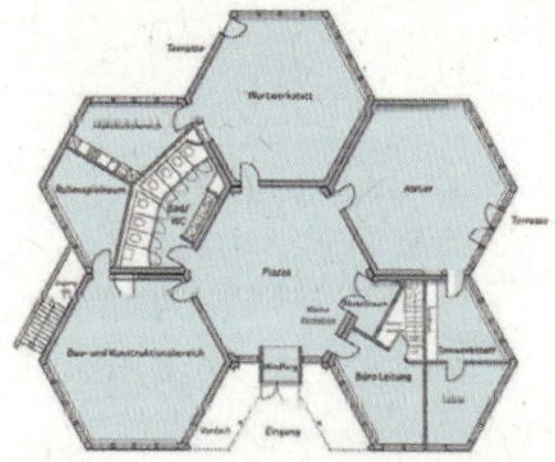

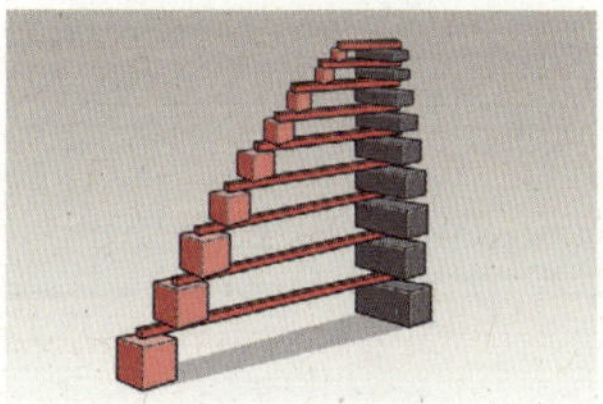

4 Gestaltung der Wohnumgebung in stationären Altenhilfeeinrichtungen und Wohnstätten für Menschen mit Behinderungen

Im Folgenden sind verschiedene Gestaltungselemente für die Räumlichkeiten in einem Altenpflegeheim beziehungsweise einer Wohnstätte für Menschen mit Behinderungen aufgelistet.

Überlegen Sie, wie sich jeder einzelne Vorschlag einordnen lässt, und kreuzen Sie entsprechend an (Mehrfachzuordnungen möglich).

Mögliche Gestaltungselemente	zur Schaffung einer anregenden Umwelt	zum selbstständigen Bewegen und Handeln	zur persönlichen Orientierung	zur situativen Orientierung	zur zeitlichen Orientierung	zur räumlichen Orientierung
Handläufe an den Flurwänden						
Garten						
Fernbedienung für Radio, Fernsehen …						
Sessel am Fenster						
Kunstdrucke oder Bilder auf den Fluren						
gut erreichbarer Fahrstuhl						
verschiedenfarbig gestaltete Zimmertüren						
Informationstafel mit Fotos und Namen aller Pflegekräfte						
Lupen oder Lesegeräte						
Namensschild vor dem Zimmer des Bewohners						
Teeküche für die Bewohner						
Grünpflanzen						
Familienfotos						
große, gut lesbare Uhren						
Geburtstagskalender						
dekorativer Raumschmuck						
Rollator mit Einkaufskorb						
MP3- oder CD-Player						
große oder farbige Hinweisschilder						
Sitzecke zum ungestörten Reden						

Lernfeld 10:
„Rechte und Pflichten der Sozialassistenten kennen und wahrnehmen“

1 Sozialversicherungen

1. Bei welcher Krankenversicherung sind Sie versichert und über wen sind Sie versichert?

____

____

2. Wo erhält man seine Sozialversicherungsnummer? Kreuzen Sie an.

- ☐ Krankenversicherung
- ☐ Pflegeversicherung
- ☐ Unfallversicherung
- ☐ Arbeitslosenversicherung
- ☐ Rentenversicherung

3. Ergänzen Sie die fehlenden Begriffe.

Die Gesellschaft geht davon aus, dass alle ______________ *(ewierebsfärhrgn)* Menschen in die Sozialversicherungen einzahlen und damit für ihren ______________ *(Lbnsluentrheeat)* sorgen.

Die ______________ *(Knkraenvrrnsiceheug)* dient als Absicherung im Krankheits- oder Pflegefall.

Über die Unfallversicherung sind die Arbeitnehmer bei Arbeitsunfällen, ______________ *(Wgueneflleän)* und ______________ *(Breuskfrnkhaiteen)* versichert.

Die Rentenversicherung sorgt dafür, dass man im ______________ *(Rtneenlater)* ein regelmäßiges Einkommen hat.

Die ______________ *(Abreitlsosversicrenehung)* hilft mit Vermittlung und Zahlung von Leistungen in der Zeit, in der man kein Erwerbseinkommen hat.

4. Lesen Sie das nachstehende Fallbeispiel.

Beispiel

Paula Schneider (17 Jahre) macht eine Ausbildung zur Sozialassistentin. Sie lebt bei ihrer Mutter mit ihren zwei jüngeren Geschwistern (13 und 15 Jahre). Ihre Eltern haben sich kurz nach der Geburt des letzten Kindes getrennt. Paulas Vater zahlt keinen Unterhalt. Frau Schneider erhält Unterhaltsvorschuss von der Unterhaltsvorschusskasse bis zum 18. Lebensjahr ihrer Kinder. Sie arbeitet halbtags in einem Supermarkt, kann aber mit ihrem Lohn und dem Unterhaltsvorschuss die Ausgaben in der Familie nicht decken. Deshalb hat sie für sich und ihre Kinder Grundsicherung beim Jobcenter beantragt.

4. a Benennen Sie die Angaben, die Frau Schneider machen muss, um Grundsicherung für sich und die Kinder zu bekommen.

____

____

4. b Wie lange kann sie für Paula Kindergeld beziehen? Was muss sie dafür tun?

____

____

4. c Paulas Geschwister haben die zehnjährige Schulpflicht noch nicht erfüllt, das heißt, sie müssen noch nicht arbeiten. Wie wird das Geld bezeichnet, das die beiden vom Jobcenter beziehen?

____

____

4. d Paulas 15-jähriger Bruder möchte nach dem Abitur studieren. Nennen Sie Möglichkeiten der finanziellen Unterstützung, die für ihn in Betracht kommen.

____

____

2 Arbeitsverhältnisse

1. Was sollte man bei einem Bewerbungsgespräch beachten? Kreuzen Sie entsprechend an.

	Stimmt	Stimmt nicht
a) Man muss nicht alle Fragen beantworten.		
b) Die Frage nach einer geplanten Schwangerschaft muss man beantworten.		

	Stimmt	Stimmt nicht
c) Die Frage nach einer chronischen Erkrankung muss man beantworten.		
d) Die Frage nach einer Religionszugehörigkeit muss man beantworten.		
e) Die Frage nach dem letzten Einkommen muss man beantworten.		
f) Die Frage nach Heiratsabsichten muss man beantworten.		

2. Listen Sie Pflichten auf, die ein Arbeitgeber gegenüber Praktikantinnen hat.

- ______
- ______
- ______
- ______

3. Ordnen Sie die folgenden Pflichten Arbeitgeber und Arbeitnehmer zu:

Zahlung von Vergütung ▪ Schutz und Fürsorge ▪ Arbeitspflicht ▪ Überstunden leisten ▪ Schweigepflicht ▪ Zeugnispflicht ▪ Gewährung von Urlaub ▪ Lohnfortzahlung im Krankheitsfall ▪ Treuepflicht

Arbeitgeber	Arbeitnehmer

4. Erläutern Sie, wie Sie sich im Krankheitsfall richtig verhalten.

______

______

______

______

______

3 Besondere Pflichten bei der Arbeit mit Menschen

1. Setzen Sie die folgenden Begriffe in die richtige Reihenfolge:

Kontrolle ▪ Belehrung ▪ Eingreifen ▪ Verbot

Die Pflicht zur Aufsichtsführung übernehme ich mit dem Arbeitsvertrag. Ich kann meine Aufsichtspflicht in vier Schritten erfüllen:

1. ______________________________

2. ______________________________

3. ______________________________

4. ______________________________

2. Erklären Sie die Begriffe in eigenen Worten.

a) „Vorsatz" ist ______________________________

____

b) „Fahrlässigkeit" bedeutet ______________________________

____

3. Setzen Sie die folgenden Begriffe in den Lückentext ein:

fahrlässig ▪ Schaden ▪ Rechtfertigungsgründe ▪ vorsätzlich ▪ Rechtsgüter ▪ Notwehr ▪ Körper ▪ Eigentum ▪ Einwilligung ▪ Ausgleich

Man muss für einen ______________ haften, wenn ein Rechtsgut einer Person beschädigt wurde.

__________ sind Leben, ___________, Gesundheit, Besitz, ___________ und Persönlichkeitsrechte.

Es sei denn, man hat ____________________, wie beispielsweise __________ oder Notstand

oder die ____________________ einer Person.

Wenn das nicht der Fall ist, wird geprüft, ob man ____________ oder ____________ gehandelt hat.

Je nachdem, wird man zum ____________ des Schadens herangezogen.

4 Gesetzliche Vorgaben im Umgang mit Kindern, älteren Menschen und Menschen mit Behinderung

Beispiel

Als Sozialassistentin sind Sie in einer Übermittagsbetreuung von Grundschulkindern beschäftigt. Sie leisten Hilfe bei der Versorgung und Betreuung der Kinder. Die Kinder nehmen ihr Mittagessen ein und machen dann Hausaufgaben. Anschließend findet ein Freizeitprogramm statt, das Sie unter Anleitung einer Erzieherin mitgestalten. In der Gruppe, die Sie begleiten, befindet sich die achtjährige Dina, die eine Außenseiterposition einnimmt, weil sie oft mit schmutziger Bekleidung erscheint und über wenige Sachen verfügt. Sie hat kaum Materialien, um damit zu arbeiten. Es fehlt an Stiften und Heften.
Dina geht immer allein nach Hause, sodass Sie die Eltern nicht kennen.
An einem Nachmittag im Sommer entdecken Sie, dass Dina viele blaue Flecken hat, besonders am Rücken. Auf Nachfrage gibt sie an, dass sie von der Schaukel gefallen sei.
In der nächsten Woche treffen Sie Dina weinend gegen 20:00 Uhr auf der Straße an. Sie erzählt Ihnen, dass sie den Schlüssel verloren habe und ihre Mutter nicht zu Hause sei. Nachdem Sie mit Dina ca. 30 Minuten gewartet haben, erscheint die Mutter und schreit Dina an, warum sie so dumm sei, den Schlüssel zu verlieren. Die Mutter ist alleinerziehend und musste wohl bis 20:00 Uhr arbeiten. Dann hat sie den vierjährigen Bruder noch von der Oma abgeholt.
Sie beschließen, die Leitung der Übermittagsbetreuung über Ihre Beobachtungen zu informieren und mit ihr gemeinsam das Gespräch mit der Mutter zu suchen.
Leider erscheint die Mutter von Dina nicht, obwohl sie telefonisch zugesagt hatte. Auch eine schriftliche Einladung hatte keinen Erfolg.

1. Listen Sie auf, welche Hinweise auf eine Gefährdung des Kindeswohls vorliegen.

2. Beschreiben Sie, wie Sie in diesem Fall handeln müssen.

Lernfeld 11: „Außendarstellung der sozialpädagogischen und sozialpflegerischen Einrichtungen unterstützen“

1 Umgang mit Konflikten im Team

Bearbeiten Sie das folgende Fallbeispiel zum Thema „Alkoholmissbrauch“ mithilfe der Schrittfolge zur Bearbeitung von Konflikten.

Beispiel

Armin, ein Jugendlicher, der regelmäßig in das Jugendzentrum kommt, in dem Dennis sein Praktikum absolviert, fällt immer häufiger dadurch auf, dass er stark nach Alkohol riecht, wenn er die Einrichtung besucht. Zum Teil versucht er auch, sich bei anderen Jugendlichen dadurch beliebt zu machen, dass er sie zu sich nach Hause einlädt und ihnen alkoholhaltige Getränke verspricht, da der Genuss jeglicher Suchtmittel in diesem Freizeitheim verboten ist. Die meisten Jugendlichen lehnen in der Anwesenheit aller pädagogischen Mitarbeiter dankend ab.
Als der Praktikant Dennis an einem Samstagabend vom Dienst kommt, begegnet ihm Sarah, eine Jugendliche aus dem Freizeitheim, völlig angetrunken im Bus. Sie erzählt, dass sie gerade von Armins Party kommt, ihre Eltern jedoch davon ausgehen, sie käme von der Feier, die im Jugendheim stattfindet. Was ist zu tun?

Schritt 1: Wahrnehmen und Einschätzen

Schätzen Sie den Konflikt mithilfe der Skala ein und beschreiben Sie, inwieweit der Konflikt die Arbeit und das Zusammenleben in der Einrichtung beeinträchtigt.

leichter Konflikt			mittelschwerer Konflikt				starker Konflikt
1	2	3	4	5	6	7	8

____________ Konflikt ____________ *(Zahl einsetzen)*: ________________________

____

____

____

____

Schritt 2: Überprüfen

1. Muss der Konflikt sofort gelöst werden oder besteht die Möglichkeit, sich von einem Handlungsdruck zu befreien und Handlungsaufschub zu verschaffen?

2. Welche Gründe könnten zum Auftreten des Problems geführt haben?

   Armin konsumiert Alkohol und verführt Gleichaltrige zum Trinken, weil …

3. Listen Sie auf, wer direkt oder indirekt an dem Konflikt beteiligt ist. Schätzen Sie ein, wie die betroffenen Personen vermutlich reagieren werden.

Schritt 3: Handeln

1. Listen Sie Möglichkeiten zur Lösung des Konflikts auf, die Ihnen spontan einfallen.

2. Entscheiden Sie, welche Vorschläge zur Lösung des Konflikts akzeptabel (+), teils akzeptabel (+/–) oder überhaupt nicht akzeptabel (–) sind.

Lösung

Beschreiben Sie hier, wie Sie schrittweise vorgehen würden, um den Konflikt zu lösen.

2 Öffentlichkeitsarbeit in sozialpädagogischen und sozialpflegerischen Einrichtungen

1. Überlegen Sie, inwieweit Sie bestimmte Fähigkeiten für professionelle Öffentlichkeitsarbeit bereits besitzen beziehungsweise während Ihrer bisherigen Ausbildungszeit erworben haben, und kreuzen Sie entsprechend an.

1. **wesentliche Informationen von unwesentlichen unterscheiden und Außenstehenden somit die eigene Arbeit transparent machen**
(zum Beispiel Gespräche über Schwerpunkte der Konzeption führen können, die Bedeutung der Elemente des Logos erläutern können, über Inhalte der Homepage informieren können)

Das kann ich gut	Das kann ich	Das kann ich ein wenig	Das kann ich kaum	Das kann ich gar nicht

2. **Informationen schriftlich zu Papier bringen**
(zum Beispiel an einem Flyer mitarbeiten, eine Wandzeitung mitgestalten, Einladungsschreiben und Informationen für das Schwarze Brett verfassen können)

Das kann ich gut	Das kann ich	Das kann ich ein wenig	Das kann ich kaum	Das kann ich gar nicht

3. **Informationen anschaulich und kreativ zu Papier bringen**
(zum Beispiel Plakate für Veranstaltungen mithilfe einer Grafik oder Fotos gestalten können)

Das kann ich gut	Das kann ich	Das kann ich ein wenig	Das kann ich kaum	Das kann ich gar nicht

4. **auf Fragen zur eigenen Arbeit antworten**
(zum Beispiel in einem Interview oder einer Reportage)

Das kann ich gut	Das kann ich	Das kann ich ein wenig	Das kann ich kaum	Das kann ich gar nicht

5. **Ideen zur Gestaltung besonderer Veranstaltungen einbringen**
(zum Beispiel zum Tag der offenen Tür, zum 50-jährigen Bestehen der Einrichtung, für den Weihnachtsbasar)

Das kann ich gut	Das kann ich	Das kann ich ein wenig	Das kann ich kaum	Das kann ich gar nicht

2. Besitzen Sie weitere Fähigkeiten, die Sie für die Öffentlichkeitsarbeit in einer sozialpflegerischen Einrichtung nutzen können? Wenn ja, welche?

3. Tauschen Sie sich in der Kleingruppe über Ihre Eintragungen aus und überlegen Sie gemeinsam, was Ihnen helfen könnte, noch mehr Sicherheit im Hinblick auf die Öffentlichkeitsarbeit zu erlangen. Notieren Sie die für Sie wesentlichen Punkte.

Anhang

1 Formblatt zur Beurteilung eines Portfolios

Name: ______________________________ Datum: ______________

Beurteilungskriterien	☺	😐	☹
Sind alle vorher festgelegten Bestandteile des Portfolios vorhanden? ▪ Titelblatt und Einstieg zum Inhalt ▪ Inhaltsverzeichnis ▪ Pflichtthemen ▪ Wahlthema/Wahlthemen ▪ weitere Dokumente ▪ Verfasser- und Quellenangaben ▪ ______________ ▪ ______________ ▪ ______________			
Wurden die Pflichtaufgaben ausführlich und sachlich richtig bearbeitet?			
Wurde deutlich genug erklärt, was in Bezug auf die zukünftige Berufstätigkeit neu gelernt wurde?			
Wurden die Wahlthemen ausführlich und sachlich richtig bearbeitet?			
Wurde die Portfoliomappe anschaulich und kreativ einfallsreich gestaltet?			
Entspricht die sprachliche Darstellung den vereinbarten Standards? (keine Umgangssprache, fehlerfreie Rechtschreibung, korrekte Angaben von Zitaten und Literaturquellen)			
Gesamteindruck/Anmerkungen			

(vgl. Mattes, Wolfgang, 2011, S. 76/Raben, Barbara von, 2010, S. 101)

2 Rückmeldebogen zu selbst verfassten Texten für ein Portfolio

Ich bin der Meinung, besonders gut gelungen ist dir ...

- ____
- ____
- ____
- ____
- ____
- ____
- ____
- ____
- ____
- ____
- ____

Mir ist aufgefallen, dass ...

- ____
- ____
- ____
- ____
- ____
- ____
- ____
- ____
- ____
- ____
- ____

Verbessern könntest du ....

- ______
- ______
- ______
- ______
- ______
- ______
- ______
- ______
- ______
- ______
- ______
- ______

Ich möchte noch anmerken, dass ...

- ______
- ______
- ______
- ______
- ______
- ______
- ______
- ______
- ______
- ______
- ______
- ______

(vgl. Raben, Barbara von, 2010, S. 41)

Literaturverzeichnis

Antons, Klaus: Praxis der Gruppendynamik. Übungen und Techniken, 7. Auflage, Göttingen/Bern/Toronto/Seattle, Hogrefe, 1998.

Baer, Ulrich: Lernziel: Liebesfähigkeit. Spiele und Materialien zum Thema Sexualität und Partnerschaft, Akademie Remscheid, 1977.

Frey, Jana: Lillis Windpocken-Wünschpunkte, in: Zebra Lesebuch 2, hrsg. v. Susanna Eckhoff und Stephanie Brettschneider, Stuttgart/Leipzig, Ernst Klett, 2012.

Grimm, Jacob/Grimm, Wilhelm: Märchen der Brüder Grimm, München, Droemersche Verlagsanstalt Th. Knaur, 1999.

Jörg, Sabine/Kellner, Ingrid: Der Ernst des Lebens, Stuttgart/Wien, K. Thienemann, 1996.

Köther, Ilka (Hrsg.): Altenpflege. Zeitgemäß und zukunftsweisend, Stuttgart/New York, Georg Thieme, 2005.

Mattes, Wolfgang: Methoden für den Unterricht. Das Schülerheft , Braunschweig/Paderborn/Darmstadt, Schöningh, 2011.

Neumann, Heike: Verkürzte Kindheit. Vom Leben der Geschwister behinderter Menschen, Klein Konigsförde/ Krummwisch, Königsfurt-Urania Verlag, 2001.

Raben, Barbara von: Portfolios in der Ausbildung pädagogischer Fachkräfte. Selbstorganisiert lernen – Lernentwicklung dokumentieren, Mühlheim an der Ruhr, Verlag an der Ruhr, 2010.

Robra, Andreas: Das Sucht Spiel Buch. Spiele und Übungen zur Suchtprävention in Kindergarten, Schule und Jugendarbeit und Betrieben, Seelze-Velber, Kallmeyer, 1999.

Williams, Margery: Das Samtkaninchen, übersetzt von Carsten Meyer, München, Leutz, 1997.

Bildquellenverzeichnis

Titel: iStockphoto.com, Calgary (Melpomenem); 22: stock.adobe.com, Dublin (JenkoAtaman); 23: Wetterauer, Oliver, Stuttgart; 26: Kurtz, Cornelia, Boppard; 30: Wetterauer, Oliver, Stuttgart; 33: Wetterauer, Oliver, Stuttgart; 38 1: Wetterauer, Oliver, Stuttgart; 38 2: Wetterauer, Oliver, Stuttgart; 38 3: Wetterauer, Oliver, Stuttgart; 38 4: Wetterauer, Oliver, Stuttgart; 38 5: Wetterauer, Oliver, Stuttgart; 38 6: Wetterauer, Oliver, Stuttgart; 38 7: Wetterauer, Oliver, Stuttgart; 38 8: Wetterauer, Oliver, Stuttgart; 39: Picture-Alliance GmbH, Frankfurt a.M. (BSIP/LEMOINE); 45: fotolia.com, New York (jeecis); 48: Kurtz, Cornelia, Boppard; 49: akg-images GmbH, Berlin; 60: Kurtz, Cornelia, Boppard; 68: fotolia.com, New York (highwaystarz); 72: fotolia.com, New York (David Büttner); 74: Wetterauer, Oliver, Stuttgart; 77 1: fotolia.com, New York (Adam Gregor); 77 2: Shutterstock.com, New York (Antonio Guillem); 77 3: Shutterstock.com, New York (Gemenacon); 77 4: fotolia.com, New York (Kzenon); 77 5: fotolia.com, New York (Antonioguillem); 80 1: Wetterauer, Oliver, Stuttgart; 80 2: Wetterauer, Oliver, Stuttgart; 90: fotolia.com, New York (Dan Race); 91: fotolia.com, New York (Ermolaev Alexandr); 113: Brauner, Angelika, Hohenpeißenberg; 122 1: Evelyn Neuss Illustration, Hannover; 122 2: Evelyn Neuss Illustration, Hannover; 122 3: Evelyn Neuss Illustration, Hannover; 122 4: Evelyn Neuss Illustration, Hannover; 122 5: Evelyn Neuss Illustration, Hannover; 122 6: Evelyn Neuss Illustration, Hannover; 122 7: Evelyn Neuss Illustration, Hannover; 122 8: Evelyn Neuss Illustration, Hannover; 131 1: fotolia.com, New York (yanamako); 131 2: fotolia.com, New York (Kysm); 131 3: fotolia.com, New York (Kysm); 131 4: fotolia.com, New York (Marina Gorskaya); 131 5: fotolia.com, New York (sahua d); 131 6: fotolia.com, New York (spinetta); 131 7: fotolia.com, New York (vege); 131 8: fotolia.com, New York (Svetlana Ev.); 132: fotolia.com, New York (Kysm); 132: fotolia.com, New York (Kysm); 132: fotolia.com, New York (Kysm); 132: fotolia.com, New York (sahua d); 132: fotolia.com, New York (sahua d); 132: fotolia.com, New York (sahua d); 132: fotolia.com, New York (spinetta); 132: fotolia.com, New York (yanamako); 132: fotolia.com, New York (yanamako); 132: fotolia.com, New York (yanamako); 132: fotolia.com, New York (yanamako); 132: fotolia.com, New York (yanamako); 132: fotolia.com, New York (yanamako); 132: fotolia.com, New York (vege); 132: fotolia.com, New York (vege); 132: fotolia.com, New York (Marina Gorskaya); 132: fotolia.com, New York (Marina Gorskaya); 132: fotolia.com, New York (Marina Gorskaya); 132: fotolia.com, New York (Marina Gorskaya); 132: fotolia.com, New York (Svetlana Ev.); 132: fotolia.com, New York (Kysm); 132: fotolia.com, New York (Kysm); 135 1: Brauner, Angelika, Hohenpeißenberg; 135 2: Brauner, Angelika, Hohenpeißenberg; 135 3: Brauner, Angelika, Hohenpeißenberg; 135 4: Brauner, Angelika, Hohenpeißenberg; 136 1: Brauner, Angelika, Hohenpeißenberg; 136 2: Brauner, Angelika, Hohenpeißenberg; 136 3: Brauner, Angelika, Hohenpeißenberg; 136 4: Brauner, Angelika, Hohenpeißenberg; 138 1: Brauner, Angelika, Hohenpeißenberg; 138 2: Brauner, Angelika, Hohenpeißenberg; 138 3: Brauner, Angelika, Hohenpeißenberg; 138 4: Brauner, Angelika, Hohenpeißenberg; 138 5: Brauner, Angelika, Hohenpeißenberg; 140: fotolia.com, New York (Nicole Effinger); 141 1: Evelyn Neuss Illustration, Hannover; 141 10: Evelyn Neuss Illustration, Hannover; 141 2: Evelyn Neuss Illustration, Hannover; 141 3: Evelyn Neuss Illustration, Hannover; 141 4: Evelyn Neuss Illustration, Hannover; 141 5: Evelyn Neuss Illustration, Hannover; 141 6: Evelyn Neuss Illustration, Hannover; 141 7: Evelyn Neuss Illustration, Hannover; 141 8: Evelyn Neuss Illustration, Hannover; 141 9: Evelyn Neuss Illustration, Hannover.